本书获德州学院学术出版基金资助

德州地域文化研究丛书·第五辑

地方文化检索与利用丛书（第二辑）

高校图书馆微服务体系概论

李红霞　冀　颖　王金英　著

新 华 出 版 社

图书在版编目（CIP）数据

高校图书馆微服务体系概论 / 李红霞, 冀颖, 王金英著.
北京：新华出版社, 2022.8
ISBN 978-7-5166-6343-1
Ⅰ. ①高… Ⅱ. ①李… ②冀… ③王… Ⅲ. ①院校图
书馆—图书馆服务—研究 Ⅳ. ①G258.6
中国版本图书馆CIP数据核字（2022）第127469号

高校图书馆微服务体系概论

作　　者：李红霞　冀颖　王金英

责任编辑：董朝合　　**封面设计**：徐占博

出版发行：新华出版社
地　　址：北京石景山区京原路8号　　**邮　　编**：100040
网　　址：http://www.xinhuanet.com/publish
经　　销：新华书店、新华出版社天猫旗舰店、京东旗舰店、京东旗舰店各大网店
购书热线：010-63077122　　**中国新闻书店购书热线**：010-63072012

排　　版：徐春爽
印　　刷：河北鑫兆源印刷有限公司

成品尺寸：170mm × 240mm
印　　张：14.5　　**字　　数**：210千字
版　　次：2022年8月第一版　　**印　　次**：2022年8月第一次印刷

书　　号：ISBN 978-7-5166-6343-1
定　　价：68.00元

《德州地域文化研究丛书》·第五辑

地方文献检索与利用丛书（第二辑）

序

《地方文献检索与利用丛书》（第二辑）是德州地方文献研究中心（德州学院十三五规划重点研究中心）联合德州地域文化研究中心共同组织撰写的一套关于地方文献检索与利用的丛书，也是德州学院“十三五”重点学科课题，这套丛书填补了国内此领域的一项空白。

德州地域文化研究中心成立于2005年，十余年来，德州地域文化研究中心积极参与德州城市文化建设，开展地域文化研究，先后编纂出版《德州地域文化研究丛书》四辑，计44册，为构建德州特色文化品牌，提升文化软实力和城市形象，建设区域文化高地，促进德州文化产业发展作了重大贡献。2013年，德州地域文化研究中心被确立为德州市首批社会科学研究基地；2017年，又获批山东省“十三五”高校人文社会科学研究基地。

德州地方文献研究中心是德州学院联合德州市委、市政府、市群团组织、市新闻单位、德州军分区等相关部门共同建设的校级学术研究服务机构。该机构的成立旨在积极有效地组织德州地方文献的收集活动，积极开展德州地方文献资源的交流与研究，建成反映德州地域特色的文献总库。该中心成立于2015年12月，其主要职责为以下五点：一是建设包括馆藏实体资源和网络虚拟资源在内的德州地方文献信息资源，对资源进行科学加工整序和管理维护；二是做好流通阅览、资源传送和参考咨询工作，积极开发文献信息资源，开展文献信息服务；三是组织和协调校内外的德州地方文献信息工作，实现文献信息资源的优化配置；四是积极参与文献保障体系建设，实行资源共建、共知、共享，促进事业的整体化发展；五是积极开展各种协作、合作和学术活动。

组织开展关于地方文献的收集、整理和研究是德州地方文献研究中心的重要职责之一。德州地方文献研究中心于2016年组织德州学院校内外专家、学者撰写了《德州旧志校注丛书》（共10册）；2017年组织编写了《德州地方文献导读》（一册装）（德州作家作品目录提要、任继愈学术成果书目提要、《德州日报》地方史志文献索引、德州地方文献研究中心藏书目录、地方文献研究综述）。2018年初，德州地方文献研究中心开始策划撰写《地方文献检索与利用丛书》，2019年出版了《地方文献检索概论》《德州历代要籍题录与资料索引》《现当代文学导读书目》，2020年出版了《德州新方志概要》《德州非物质文化遗产项目资料述要》《地方高校图书馆文化建设》，2021年出版了《德州谱牒文献概要》《任继愈任继周学术著作提要》《德州地方文献联合目录》《德州市馆藏儿童文学联合目录》，2022年计划出版《高校图书馆微服务体系概论》《德州地方专题文献索引》《地方文献阅读推广新论》《纺织文献检索与利用综论》。

此项工作得到了德州学院校领导、德州学院科研处等相关部门的大力支持与帮助，得到了季桂起教授、张明福研究员等区域文化研究专家的指导，在此深表感谢。

本书编委会

2022年4月9日

目 录

第一章　高校图书馆微服务体系概述

互联网技术与智能掌上终端的快速发展，悄然改变着人们的社会生活方式。图书馆也在逐步走向数字化、网络化、移动化，图书馆服务不再受物理建筑空间的制约。通过移动互联网，图书馆可以随时随地把服务推送到人们身边，图书馆微服务时代已悄然来临。

第一节　微服务概述

一、微服务的发展

在一个信息产生价值的时代，信息传播的方式、速度以及广度，过去任何时代都不可比及。“微服务”的概念于2001年最早提出，当时主要应用于计算机服务领域。当时宏基提出打造服务品牌的“微巨”模式，其中就包含了为中、小企业提供信息化服务的“微服务”。此后，以微信、微博为代表的即时通软件蓬勃发展。2011年1月腾讯公司推出的微信通信软件，凭借其简单易操作的优势迅速被大众接受、喜爱。截止到2018年9月，微信的日登录用户数达到了9亿多，成为亚洲范围内注册用户最多的通信软件，而且飞速发展。微博，作为共享简短实时信息广播的社交网络平台，自出现后也被用户快速认可。仅以新浪微博为例，截止到2018年11月活动用户也达到了3. 7亿人。这些即时通通信软件已成为亿万网民不可或缺的网络工具。微服务模式借此也快速发展。

微博、微信新媒体的用户中，青年人占了大部分比例，尤其学生群体数量庞大。高校图书馆必须抓住这些新媒体传播效率高、互动性强等特点，拓展自身的传播渠道，打造微服务平台，实现立体化多功能服务平台。

二、微服务概念

随着微时代和微信息环境的诞生和发展，微服务的概念逐渐进入人们的视线。2002年，佳齐在《全架构演义赞禾“易得”服务器》文中提到微服务一词，上海浙大网新赞禾科技有限公司的营销理念为“整体构架、微服务、多应用”，微服务的理念主要是为中小企业提供高效、高速、细微的个性化服务[1]。随之，微服务被各领域应用。对于微服务可以从环境、内容、技术、人文精神、方式等角度进行概括描述。微信息环境下，服务内容主要以碎片化的微内容形式传播，利用微博、微信、微视频、APP等微信息技术，通过手机、平板电脑、PC等高速的移动终端，提供即时化、个性化、多元化的信息服务。微内容主要指内容的碎片化，比如一篇博客小短文、一幅微信朋友圈图片、一个小音频等都可以作为传播单位进行传播。

第二节　微服务体系构建基础

一、微服务体系构建理论基础

（一）新公共服务理论

新公共服务理论起源于美国，由美国著名管理学家罗伯特. B. 登哈特和珍妮. V. 登哈提出。在他们所著的《新公共服务理论》一书中，提到新公共服务的七大理论原则：（1）服务于公民，而不是服务于顾客；（2）追求公共利益；（3）重视公民权胜过重视企业家精神；（4）思考要具有战略性，行动要具有民主性；（5）承认责任并不简单；（6）服务，而不是掌舵；（7）重视人，而不只是重视生产率[2]。

新公共服务理论对高校图书馆的服务理念有很大的借鉴作用。高校图书馆既要为本校师生读者服务，又要为地方公民读者服务，具有公共服务的性质。高校图书馆微服务是实现公民服务的非常有效的途径，因此高校图书馆可以借鉴新公共服务理论理念，注重图书馆的服务效果，以服务目标为导向，提高图书馆服务满意度。高校图书馆微服务不仅仅是高校图书馆本身的工作，整个的学校读者、甚至公民读者群体都可参与其中，即可作为服务对象，又可作为服务者服务他人，以此提高整个服务水平和服务效果。

（二）客户关系管理理论

客户关系管理（Customer Relationship Management 简称CRM），最早产生于1999年美国加纳特公司。其核心理论是企业要以客户为核心，在进行客户管理与商业策略决策时，强调利用客户管理来实现企业与客户之间关系的维护，从而实现忠实客户的创立。客户关系管理理论主要应用于企业，目的在于深入了解客户，以提供更好的客户服务，挖掘客户资源，最终获得最大利润[3]。

高校图书馆的读者管理可借鉴于客户关系管理理论中的几个核心观念：对客户进行细分，按照客户分类情况有效地组织资源和服务，并对客户提供个性化服务；提高自身产品、资源性能，增强客户服务，满足客户需求；注重客户的满意度等。这些核心观念都可应用于图书馆微服务建设中。

客户关系管理理论中的“客户”在图书馆微服务中就是读者用户。读者可以根据不同标准进行分类细分，比如可分为校内读者和校外读者，又可分为老年读者、中青年读者和婴幼儿读者等等。首先根据用户读者的不同身份特点和需求特点，为他们提供不同的个性化服务，例如面对老年读者和年轻读者，在进行资源推介时，对数字资源和纸质资源的推介力度应有所差别；其次，注重收集各类读者的反馈信息，根据每个读者的阅读习惯、借阅习惯等需求特点，来改进服务；第三，以提高读者服务水平为出发点，在微服务中整合图书馆部门工作，建设信息资源统一检索平台，为用户提供一站式高效、便捷的资源服务。

（三）用户信息需求分析理论

用户信息需求是指用户对信息服务内容、信息服务载体、信息服务获取方式等的需求和要求，这种信息需求受时、空的限制和影响，是不断发展变化的，是一种“运动状态”。影响用户信息需求的因素一般包含主观因素和客观因素。主观因素主要指用户的心理状态、认识状态和素质等。客观因素主要指用户的社会职业与地位、所处的社会环境、社会关系、社会状况等。信息用户受年龄、性别、文化程度、职业因素等影响，对信息资源的需求是各相径庭的。图书馆在提供微服务过程中要注重分析用户信息需求，并进行差异化的研究比较，为进行个性化服务提供理论基础。

（四）基本公共服务均等化

十六届五中全会《中共中央关于制定国民经济和社会发展第十一个五年规划的建议》中提出“政府要为社会公众提供基本的、在不同阶段具有不同标准的、最终大致均等的公共文化产品和公共文化服务。”十八届三中全会《中共中央关于全面深化改革若干重大问题的决定》再次提及推进基本公共服务均等化。十九大报告中则将基本公共服务均等化列为一个阶段的发展目标和基本任务。基本公共服务均等化一般包括民生性服务、公共事业型服务、公益基础性服务、公共安全型服务五大类服务[4]。地方高校图书馆具有地方服务的义务要求，其提供的微服务属于公共事业型服务，对图书馆服务有平等化要求。

二、微服务体系构建主要技术基础

（一）新媒体技术

1967年，美国哥伦比亚广播电视网（CBS）技术研究所所长P·戈尔德马发表的一份开发EAV（电子录像）商品的计划书中，首次提出新媒体（New Media）概念，从此，新媒体逐渐从美国向其他国家传播。新媒体在改变社会传播形态的同时，也影响着人们的生活方式和思维方式[5]。对新媒体的研究，各行业各领域学者都在进行不断地探索和研究，但目前还没有一个确切的定义。新媒体技术相对于传统媒体概念，主要指利用网络技术、移动技术、数字技术，通过各种网络渠道以及各种移动、数字电视等终端，向用户提供知识信息服务，与传统媒体相互融合发展。新媒体技术的主要特征体现在：

1. 互动性。传统媒体传播以单向传播为主，很大程度上受传者只能被动接收，而新媒体方式的传播实现了传授方和受传者的双向互动。比如，各种微薄、小视频新媒体方式的评论、留言、点赞、弹幕等，随时实现了双方的互动和与他人的共享。

2. 多元化。新媒体信息资源在传播过程中，信息来源、信息内容以及信息的传播方式都存在多元化和多样性的特点，受传者可以从不同的感官感受、传播渠道进行不同的体验。

3. 融合性。一般意义的传统媒体，比如报纸、广播电台、电视等，都有自身的局限性，例如报纸作为纸质媒体，只能刊登文字和图片内容，不能提供视觉、听觉感受。而利用数字技术的新媒体，可以同时表现文字、图片、声音、视频等内容，还可以将这些内容进行组合来满足使用者的不同的感官体验。新媒体技术将信息用比特进行表达传输，"超文本"的应用也越来越广泛，使用者通过链接快速获取更多的内容，也不必像阅读报纸一样按序进行，而是全方位的根据自己意愿随意阅读，便捷性大幅提升。

4. 及时性。传统媒体发布某个信息，需要多个部门对发布内容进行筛选、设计、排版等一系列操作，即使针对某些特定情况，也得需要一定的步骤和时间才能进行发布，让受众所知。利用新媒体技术，当目击者遇见突发事件时，可以直接利用手中的手机进行传播，现在更是可以利用直播方式，把发生的事件同步传播，充分体现新媒体的及时性特点。

（二）大数据技术

大数据是一场数据革命，也是一场技术创新，是信息科技产业的产物代表，影响了我们的工作、生活，甚至是思维方式。对于大数据的概念，目前还没有统一的定义，维基百科对大数据的定义是："大数据是指利用常用软件工具捕获、管理和处理数据所耗时间超过可容忍时间的数据集"。百度百科对大数据的定义是"大数据（big data），或称巨量资料，指的是所涉及的资料量规模巨大到无法透过目前主流软件工具，在合理时间内达到撷取、管理、处理、并整理成为帮助企业经营决策更积极目的的资讯”[6]。他们的定义都带有片面性，作为新兴的科技产品概念，它在不断发展，其概念的内涵和外延也在不断发展完善。关于大数据的特征，目前较为权威的观点是麦肯锡全球研究所所提出的4V特征，即：即数据大量化（Volume）、类型多样化（Variety）、处理快速化（Velocity）和应用价值大（Value）。

在图书馆领域，图书馆的发展也被大数据的发展影响着，很多图书馆拥有的信息资源数量达到了P级别，其中包含各类型信息，例如资源数据、读者数据、访问历史数据、分析数据等等，如何挖掘利用这些大数据也成为图书馆发展的一个迫切问题。

（三）数据挖掘技术

数据挖掘是大数据技术中的核心技术，通过结合人工智能技术、数学统计、数据库技术等，从海量的数据中挖掘、发现有价值的信息、知识、规则、关系、模型、趋势等，用于事前的预测、事中的管理和事后的反馈总结。数据挖掘一般有两大功能任务，即预测任务和描述任务。预测任务指通过分析数据属性，发现潜在规律和模式，创造发展模式，预测未来结果[7]。描述任务是导出描述数据的可理解模式。数据挖掘技术在图书馆领域最主要的应用就是通过收集用户信息，获取用户需求，提供用户个性化服务。

第三节　图书馆传统服务与图书馆微服务

一、图书馆传统服务

图书馆历经千百年的发展，主要职能是保存人类文化遗产、开展社会教育、传递科学情报和开发智力资源[8]。图书馆依此开展的传统服务主要有：纸质资源的保存、借阅，信息查找，文献传递，参考咨询，培训活动等。图书馆微服务与传统服务有着很大的区别：

（一）服务方式

图书馆的传统服务，从业务流程到服务内容，主要靠人工完成，同时受图书馆开放时间的制约；微服务通过网络和移动设备开展，随时随地为读者提供服务，打破了传统服务的时空限制。

（二）服务内容

微服务将一些传统服务，例如借阅查询、预约服务、参考咨询等，拓展到了线上进行开展，同时增加了互动交流等功能，随时陪伴读者。

（三）服务对象

微服务的服务对象不再限定为地理位置上的图书馆周边的读者，而是打破地域限制，只要有需求、有借阅权限，任何地方都能够获取所需服务。

（四）服务资源

微服务的服务资源范围扩大，除了馆藏本地资源，加入了数量庞大的网络资源，还可以进行多种资源的整合，来满足互联网一代读者的需求。

二、图书馆微服务

何为微服务呢？它相对于“大”而“全”的服务而言，是时代的产物。微时代的产生，使人们的信息获取方式悄然发生了改变，应运而生的微服务产生了。图书馆的微服务指的是以读者为中心，依托于各种先进的网络信息技术、传媒技术、数字技术，通过便捷的移动通信设备，为读者提供具有交互性的、个性化的、细致化的，全方位的服务。

在微服务中，“以用户为中心”的服务理念仍然是服务的主线，而便捷的移动通信终端则是服务实现的媒介。图书馆的服务内容也是拆分开来，还原为各自的服务部门，形成服务单元，根据用户的个性化特征，提供个性化的服务[9]。

三、图书馆微服务特征

（一）微型化

微服务体系的微型化体现在整个体系流程，从微服务内容的碎片化、提供形式的细微化、微用户的个体化，都体现出一个微特点。

（二）个性化

传统图书馆服务是面向整个读者群体的服务，服务模式是大众化的、统一的。微服务体系下，将用户细化，通过大数据技术对读者借阅行为进行分析，获取用户喜好、需求习惯，每个读者同时是服务的一分子，为每个分子提供能满足个人工作、学习、娱乐等个性化需求的功能性服务。

（三）互动化

微服务提供模式中，微博、微信、微视频等都有强大的沟通互动功能，无论是微博、微视频的多对多的交流，还是微博私信、微信一对一的沟通，亦或是微信群一对多的交流，虽然沟通的效果不同，但都较好的形成了图书馆与读者之间良性的沟通互动机制。

（四）增值性

传统图书馆服务主要提供资源、信息或数据服务，而微服务的最终目标是解决用户需求，关键在于对用户需求提供解决方案。通过提取、整合、处理和再组织等手段把知识和信息提供给用户，实现信息本身的增值和服务的增值。

（五）泛在化

由于无处不在的网络和移动终端，图书馆微服务能延伸到世界的任何角落，实现服务范围的泛在化，只要不违反知识产权，微服务可以全方位全地域的存在。

第四节　高校图书馆微服务体系

高校图书馆利用微信、微博、微视频等媒体方式提供全方位的微服务，其中也需要技术、人员、制度等因素的支撑，这些因素组成图书馆微服务体系。高校图书馆微服务体系一般包含六层，即微服务内容层、微服务技术层、微服务主体层、微服务用户层和微服务组织层，组成情况如下图。

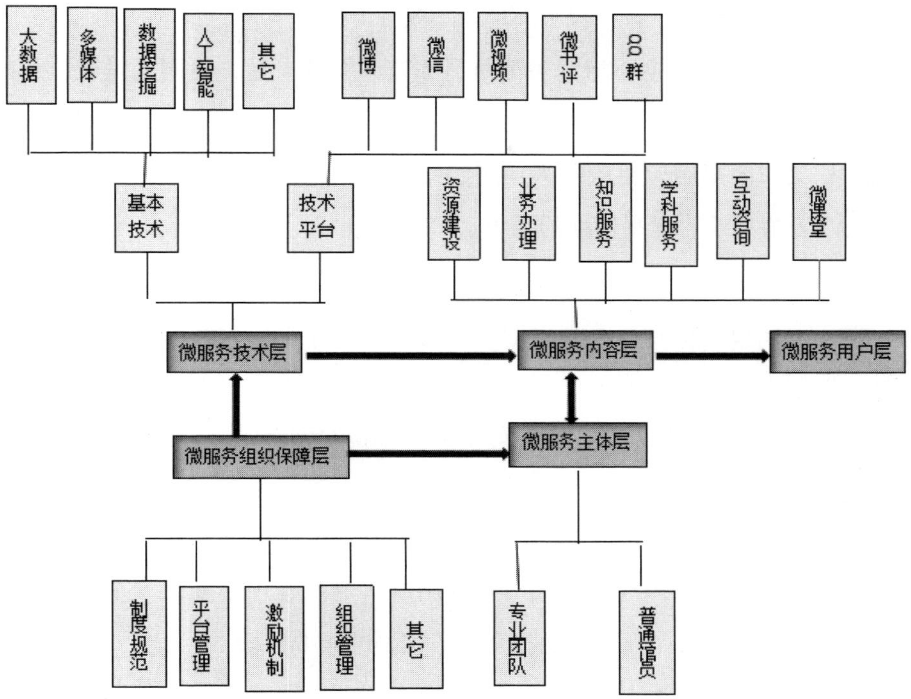

图1 高校图书馆微服务体系图

微服务内容层：图书馆提供的微服务内容和种类，不仅包括资源检索、业务办理、知识服务、学科服务、互动咨询等常规服务，还包括以互动学习为目的的信息素养课程、新生入馆教育小课堂、资源与服务培训小视频等。在形式上可以是简短的一段文字、一个微表情、一段音视频、一张图片等。只要是读者需要的，或图书馆想告知读者的，各种通知、公告、预约信息、网络资源、数据库资源、元数据、二次文献等等，这些短小精炼的、分散的、个性化的服务内容构成了图书馆微服务的整体服务内容框架。

微服务技术层：可以分为两个层次，一层是基础技术层，包括大数据技术、多媒体技术、数据挖掘技术、人工智能技术等；第二层是各种类型的技术表现形式，如移动图书馆APP、微博、微信、微视频等平台。微服务的提供与发展有很高的技术依赖性，从资源的形成、收集、整理、保存到应用，任何一个环节都需要依靠各种技术环境来实现。

微服务主体层：主要指图书馆馆员和兼职服务人员，他们既是微服务的提供者，也是图书馆与用户沟通的桥梁。用户满意度和图书馆馆员的服务水平息息相关，图书馆应将服务人员组织结构细化，设置专兼职人员，负责不同层次读者的需求，提高精准的服务。

微服务用户层：微时代，图书馆用户已不受区域、单位、民族等的限制，社会上任何一个有服务需求的微小个体或群体都成为图书馆的微用户。同时，他们也是图书馆服务内容的提供者，图书馆可充分调动微用户的互动热情，挖掘他们的隐性知识，来更好地创新知识，创新服务。

微服务组织层：包括微服务过程中的制度标准、平台管理、组织管理，以及其他的管理规范等。任何工作流程都要有一定的标准和规范，在微服务开展过程中，流程管理规范、人员管理制度、资源管理制度、安全操作规范等都是微服务开展的保障，也是提升服务水平的重要手段。

图书馆微服务体系的工作流程为：首先组建微服务组织层，制定相应的组织机构和制度、规范以及标准等文件；其次组建微服务主体，指定相关专家、技术人员、馆员组成微服务团队，借助大数据、多媒体、数据挖掘、人工智能等技术，利用移动图书馆APP、微信、微博等平台，为读者群体提供资源检索、业务办理、知识服务、学科服务、互动咨询等常规服务，以及互动学习为目的的信息素养课程、新生入馆教育小课堂、资源与服务培训小视频等特色微服务内容。

第二章　图书馆微服务体系内容层

第一节　图书馆微服务内容

高校图书馆提供的微服务内容可以分为以下几类：

信息服务类：一般指馆藏资源服务。资源检索下载利用是图书馆服务的基本目的，在图书馆微服务中也占据重要的位置。移动图书馆APP、图书馆微信公众号等都会有适合移动阅读的资源链接功能或直接检索、阅读功能。例如德州学院图书馆的微信公众号中，就链接了微讲堂、职业培训库、博看微刊、超星资源、万方创新助手等资源。在移动图书馆APP中，可直接查询电子图书、期刊、学术资源等，可以下载或在线浏览。

知识服务类：知识服务是更高层次的信息服务，在信息资源服务的基础上，通过对信息资源的组织、分析、重组、建构，利用数据挖掘技术、数据库技术、信息推送技术等，根据用户需求，通过各种平台，为用户提供个性化、专业化、多样化的知识服务。主要方式有：（1）建立数据库导航平台：根据方便用户使用的原则，利用导航技术，建立导航平台，向用户介绍推荐资源分布情况，并指引读者利用链接地址获取所需信息数据库，方便用户查询获取。（2）信息推送：定期或不定期为用户推送个性化信息。（3）情报咨询：满足读者知识需求，提供智能化处理的知识产品，比如研究报告、解决方案等。（4）学科服务：分析统计学科建设发展情况，为学科建设提出规划、建议等[10]。

业务办理类：图书馆微服务的一个主要目的就是方便读者，减少读者的“跑道”时间。许多线上业务办理功能嵌入了微服务中。比如借书证的注册、挂失、图书预约、座位预约等。不仅方便了读者，也减少了图书馆工作人员的工作量。

互动咨询类：建设线上咨询服务平台、利用微信、微博、QQ群等的互动功能，实现实时咨询解答。

微课堂类：微课堂指以知识点为核心，将碎片化的知识进行有效的拆分和组合，开展的有针对性的教学活动。相对于传统课堂，微课堂最显著的特点就是“微”，一般时长会控制在几分钟之内，内容也比较单一；另一个特点就是“精”，更加有针对性和专业性。一个专业话题，一个检索小技巧，一个应用小指南都可以以微课堂的形式展现。

第二节　微服务在资源建设中的应用

馆藏资源是图书馆服务的基础。新媒体时代，图书馆传统的采购模式因为工作流程烦琐、采购到流通周期长等，已不能很好地满足读者的阅读需求。图书馆需要借助新媒体技术、移动设备、互联网技术，让用户直接参与图书馆的资源规划、选择、采购、推广、评价等环节，提升图书馆资源建设质量，在这种环境需求下，应运而生了用户驱动的采购模式——PDA（Patron-Driven Acquisition）模式。

一、PDA的发展

PDA的理论研究起源于美国巴克内尔大学（ Bucknell University）图书馆的实践经验，随之在美国各大学图书馆迅速流行。PDA采购模式源于馆际互借服务，如果进行馆际互借的图书符合图书馆的采购标准，则进行采购，转化为馆藏。

PDA采购模式的基本流程为：首先，图书馆根据本馆的馆藏基本原则，设置合理的预设触发文档；其次，书商提供符合预设文档的图书MARC记录，并导入图书馆馆藏联合目录；第三，读者通过OPAC检索、浏览、阅读，达到预设条件后触发采购机制进行采购[11]。

国内许多图书馆随之借鉴于此模式，例如内蒙古图书馆“彩云服务”，广州医科大学开展“你选书、我买单”活动，江苏大学与新华书店合作开展PDA合作项目，佛山市图书馆的“知新阅易”，杭州图书馆的“悦读”服务等。这些服务项目的核心理念就是让读者参与到图书馆馆藏资源建设，满足读者及时性个性化的阅读需求，提高馆藏利用率。

二、PDA模式

PDA（Patron-Driven Acquisition）模式，即需求驱动采购，根据读者的实际需求与使用情况进行针对性的资源采购模式。

（一）纸质资源采购

主要以“你选书，我买单”的服务为主。有两种模式，一种是图书馆与书店合作，读者通过图书馆微平台，用借阅证、身份证等进行身份验证后，在定点书店办理借阅手续，直接进行借阅，或者优先将书放在图书馆的新书借阅处进行流通，图书归还后再进行数据加工流程，这样满足读者及时性、个性化的借阅需求。第二种读者荐购模式，为了避免读者单方参与采购影响馆藏质量的后顾之忧，读者荐购模式加入了馆员的参与。图书馆提前根据馆藏建设原则划定书单，通过微服务平台提供给读者，读者进行选择，形成订书单，图书馆采购。图书到馆后，通过微信、短信等通知选订者，优先借阅。

（二）数字资源采购

因为有计算机信息系统的支持，数字资源实现PDA采购方式更易实现，尤其是电子图书。读者登录采购系统，首先可以对试用资源进行管理，例如：可以申请添加新试用资源、评价已有资源，并提出自己的采购意见，图书馆员对资源进行评估审核，并执行采购。

电子资源PDA采购模式一般有几种触发采购方式：第一种网上书店购

买触发，图书馆和网上书店签订PDA协议，读者通过图书馆微服务平台进行检索后，可直接进行选项选择，提示图书馆进行购买。第二种使用量触发购买，对某种电子资源，图书馆可提前预设触发指标，比如一定量的浏览次数、试读次数等，达到这个指标后，自动触发购买流程。

电子资源PDA采购模式触发指标设立可以考虑以下几方面：

一是在学科类别上：倾向于本校重点学科和新兴的交叉学科的资源需求；

二是在学术要求上：人文社科类日常阅读的图书占一定比例，学术性比较高的书和资源仍然是高校图书馆的建设重点；

三是在语种要求上：外文资源可以占据一定比例；

四在出版年的限定上：对于经典书籍，或半衰期较长的学术教材，可以设置较长的出版年份设置，而对于发展较快的学科书籍，以近期出版为主，比如5年的出版年限制；

五在出版社的考量上：尽量选择权威的大出版社或重点出版社；

六在限价方面：可以规定单本书的限价标准，超过了需要经过图书馆员审核，同时限定每个人的限购金额，珍惜采购机会。

三、微服务体系下的资源建设策略

资源建设是图书馆微服务体系的基础，占据至关重要的位置。资源的建设质量直接影响着微服务的服务质量。

（一）明确馆藏发展目标

不同类型的图书馆，因为自己本身的特性需要，具有不同的职能要求，直接影响着馆藏建设的目标和标准。其中流通率和利用率是一项重要的指标，但不是唯一的指标。用户驱动的采购模式只是优化馆藏结构、提高馆藏利用率的采访手段，它的实施过程也存在着很多的争议性，例如不可控性、读者选择的随意性和重复性、图书馆员的馆藏建设边缘化等。图书馆资源建设的主体是图书馆员，必须明确自身的馆藏建设目标的原则，把馆藏资源分类建设，比如读者决策馆藏建设、特色馆藏建设、基本馆藏建设等，并合理分配经费预算。

（二）重视数字资源建设

数字资源因为其数字化和网络化的特性，是开展微服务的资源基础。和纸质资源的利用情况相反，数字资源的利用率逐年提高，所以很多图书馆数字资源的采购比例越来越多，有的馆甚至超过了纸质资源的占比。尤其近年来支持移动阅读的电子图书、论文数据库、多媒体数据库实用性更高，同时也促进了阅读机、报刊机、电子选座机等硬件平台的应用。

（三）加强馆际合作和资源共享

图书馆微服务的开展既需要依托自身的馆藏资源，也需要网络资源和云端的图书馆联盟的共享知识服务机构资源，这些资源都是开展微服务的资源保障基础。现在，全国有多个各级别的图书馆联盟机构，这些联盟在提供微服务方面起到了非常重要的作用[12]。

（四）完善文献资源整合系统加工

图书馆要将不同的、多形式的资源通过相关的载体呈现在读者面前，就需要把这些资源进行整合处理，并在这个基础上推出图书馆的特色文化专栏。首先，对纸质资源进行电子化并存档保存，进行模式转换；其次，把数字资源进行整合，实现跨平台、跨载体的知识检索；第三，与地方特色文献资源进行有效融合，并依托提供特色服务[13]。微服务所面临的读者群以微阅读为主，有短小、多样化的特点，在采购时需要不同的信息加工系统，进行特色资源库的建设。同时，微服务体系建设需要升级检索模式系统，需要实现资源检索的智能化和全站化。可以借助MVS技术，将包括文字、图片、视频等资源内容转化为可供MVS技术操作的检索内容。例如，利用一本书的照片，就可以检索到该书的馆藏信息等。

（五）建立完善的微服务体系资源建设管理制度

建设成熟完善资源建设管理制度，包含精准科学的用户认证系统，根据用户分类和实际需求，设定不同选择权限；保护读者隐私，保证信息、网络安全等。

第三节 微服务在阅读推广中的应用

微服务时代，图书馆传统的阅读推广服务已不能更好地吸引读者参与，满足读者需求。阅读过程中的潜在的数据挖掘、分析、评价等功能需求愈来愈强烈。利用微服务融入阅读推广已成为时代发展的需要。

一、利用微服务开展阅读推广的必要性

（一）微服务提升读者对图书馆的关注度

顺应读者的阅读习惯、贴近需求的阅读内容、便捷的阅读途径、新颖的活动内容，可以更好地吸引读者，特别是年轻的学生读者。微服务的推出，其7*24小时无休的服务时间进一步增强了用户黏合度。每年的新生入学时期，图书馆微信平台、微博平台的关注度都会有一个飞速的提升，这为以后的宣传、推广活动奠定了一个良好的基础。

（二）线上线下相结合的阅读推广活动更具影响力

形式单一的线下活动不能引起读者的兴趣，丰富多样的线上线下相结合的阅读推广活动受到读者的欢迎。利用微服务体系，开展微书评、LOGO设计大赛、短视频大赛等活动，通过平台点赞、转发、评论等，能迅速提升图书馆的影响力。

二、微服务在阅读推广活动中的应用

（一）线上线下结合的培训讲座活动

利用微博、微信平台的前期宣传，再利用线下的课堂讲座、面对面的交流推介，线上微课堂讲解、线上平台的咨询、评论、转发，全方位的线上线下相结合的方式使得培训讲座活动形式多样，更加灵活有效，不受时间、地点制约，且具有后续的总结、反馈机制，很大程度提高了培训效果。

（二）线上线下相结合的读书节活动

传统的线下读书节活动一般包含现场的资源推荐、问题咨询、现场演示、图书漂流、“让书回家”活动等。这些活动可以结合线上的“书目推荐”、“读者阅读之星”“图书馆微时光”微电影、线上直播等，并利用微平台进行推广。微服务平台将阅读推广活动信息及反馈信息及时、实时地进行传递，读者也可以进行转发扩散，极大提升了活动的宣传面。

第三章　图书馆微服务体系业务平台层

第一节　移动图书馆服务在高校图书馆中的应用

数字图书馆的概念已是众所周知，数字图书馆的核心理念是实现人类对所有知识的普遍访问，其实质就是突破传统图书馆时间、空间限制，为用户提供无所不在的信息服务[14]。目前我国图书馆基本上是以传统图书馆为主、数字图书馆为辅助的局面。随着计算机网络技术和电子技术的快速发展，图书馆未来有可能会发展成以数字图书馆为主、传统图书馆为辅的局面[15]。

二十世纪三十年代，英国纽约公共图书馆出现了“汽车图书馆”，即“Mobile Library”，这是移动图书馆最早的雏形；1999年芬兰的赫尔辛基理工大学图书馆使用了芬兰Protalify 软件公司开发的的LibletTM，它实现了短信服务功能和无线应用协议和其他接入技术；2000年，日本的富士山大学图书馆开始使用i-mode模式的移动服务，实现了手机书目检索、图书催还、续借、预约、信息发布等功能；2001年，韩国西江大学图书馆推出“移动数字图书馆”，在手机上实现了图书馆的馆藏查询和个人借阅信息的查询功能。2002年以后，在韩国，通过手机阅读E-Book已经成为一种阅读时尚，同时也改变了人们的阅读习惯。

从发展过程来看，欧洲和日本在移动图书馆技术上比较领先。应用比较广泛的移动图书馆服务方式有：短信息方式、i-mode模式、WAP方式、J2ME方式等。开展的服务内容主要有：移动OPAC查询、移动数字资源检索利用、网络教学资源、地图导航、虚拟参考咨询、手机借阅等[16]。

除了图书馆重视发展移动服务，很多数据库生产厂商和网络出版商也积极推动移动图书馆的发展，其中，OCLC的“World Cat Mobile”计划就是典型代表。2010年，丹麦成功研发了“Gladsaxe Bibliotekerne”，成为第一个在移动终端上使用的图书馆应用程序，它采用两个不同版本的安装程序，可以支持安卓和苹果系统。比利时的研究团队，利用“C/S客户端服务器模式”的访问方式，开发了既能在智能手机上使用的，也能在非智能手机上使用的移动图书馆应用程序。

国内移动图书馆的研究和应用起步较晚，但是近几年发展非常迅速。朱海峰发表于《图书馆理论与实践》的《数字化图书馆的发展——无线图书馆》一文是国内移动图书馆相关研究的开端，文中第一次提出了“无线图书馆”的概念。2004年，吴志攀在《大学图书馆学报》发表《移动阅读与图书馆的未来——“移动读者的图书馆”》，阐述了图书馆的发展历程和发展方向，传统图书馆服务向移动数字图书馆服务转变的必然性。同年，黄群庆在《图书情报知识》发表《崭露头角的移动图书馆服务》一文，阐述了移动图书馆服务的重要意义、实现模式，以及在我国的应用前景。这几篇文献奠定了我国移动图书馆理论研究的基础，随后，相关的研究论文数量快速发展。在应用方面，国内最早开通手机图书馆服务的是上海图书馆，当时包含了短信服务、移动网站服务、移动阅读、移动业务和文献漫游服务。2006年，北京大学图书馆的图书馆短信平台投入使用，通过手机短信，提供图书到期提醒、预约书提醒以及过期催还通知等。

数字阅读在一定程度上受网络、电脑以及固定位置的限制，而移动阅读作为数字阅读的形式之一，克服了在这方面的限制，极大满足了数字阅读的随意性要求，所以移动阅读会吸引更多的读者，扩大读者适用范围[17]。

近年来，很多图书馆已经实现了在手机上进行馆藏资源检索、预约服务、续借服务、到期短信提醒等服务，并提供图书馆新闻、新书报道、活动通知等信息服务，我们可以称之为手机图书馆或移动图书馆1. 0[18]。但是，由于能直接供手机阅读的数字化文献有限，并且存在着难以实现统一检索、统一调度和全文阅读的问题，所以这并不是真正意义上的移动图书馆。

一、移动图书馆概述

（一）移动图书馆需求分析

开展微服务的目的就是更好地为读者服务，让读者用最少的时间获取更多的资源和服务，所以微服务的所有功能设计都是以读者需求为出发点[19]，高校图书馆的服务受众者和参与者有以下几种类型，他们对移动图书馆服务的需求也会有所不同：

1. 学生读者。学生群体读者是高校图书馆读者人数占比最多的群体，通过对他们的阅读行为和阅读心理的分析，学生读者的需求可以分为：第一类是对人文社科类文献的阅读需求，尤其是文学类图书，阅读量和借阅量一般都会居借阅榜的前列；第二类是专业学术资源的需求；第三类是图书馆提供的一些服务职能和活动动态信息的获取需求，比如参考咨询、讲座培训、研讨室使用等等。受场地空间和时间的限制，传统的图书馆服务存在着很大的制约性，需要移动服务的资料查询和信息的获取。

2. 教工读者。教工读者相对学生读者，对专业性的学术资源的需求比例更高一些，尤其是对电子期刊、论文、电子图书的查阅需求，另外，对社科类资源的阅读需求也很高。尤其对一些定制的特色服务更有兴趣，比如，图书超期的提醒、专业书目的推荐定制、专业的资源索引目录等。近几年兴起的微视频、微课堂也逐渐被读者接受，利用率逐步提高。

3. 校外读者。很多高校图书馆都会提供社会服务，社会读者的需求比较分散，主要是对社科类资源的阅读需求。受时空限制，他们对移动服务的需求更急迫一些。

4. 图书馆员。传统的图书馆业务，比如图书的采、编、典、流通、阅览，很多环节都可以实现无纸化和网络化，很多自助服务，比如移动自助借还、在线参考咨询、在线荐购等，以此提高工作效率，简化工作流程。作为管理者，图书馆员还需要查看读者的资源使用统计、业务办理情况、读者信息的管理、服务的定制、用户等级的划分等。

（二）移动图书馆概念

移动图书馆指利用智能手机、Pad等移动设备，依靠无线通信网络，通过图书馆业务集成系统和信息资源整合技术，达到适应移动终端设备的一站式检索，并提供信息检索、资源阅读、自助查询、办理借阅业务等，实现任何人在任何时间和地点都能获取所需资源[20]。

（三）移动图书馆特征

移动数字图书馆属于数字图书馆的一种使用形式，它具备数字图书馆的一般特征，同时还具备自己的个性特征：

使用便捷化：移动图书馆取消了阅读对时间和空间的限制，读者可以随时随地用移动设备进行阅读、浏览、发布等，实现了真正的“7*24”的服务标准。

资源整合化：移动图书馆应用元数据整合技术，把中外文图书、期刊、报纸、学位论文等各类文献进行整合，在移动终端上实现了资源的一站式搜索、导航和全文获取服务[21]。

服务个性化：可以进行个性化个人空间设置，实现馆藏查询、图书预约、续借服务、挂失、解挂、到期提醒、在线咨询等服务功能。

利用平等化：通过移动终端和平台客户端，就可以快速方便的获取得到相关资源以及信息，对于每一个读者来说都是平等的，实现资源利用的平等化。

（四）移动图书馆服务模式

目前，移动图书馆有三种服务模式：

1. 手机短信模式。早期的图书馆使用此种模式，通过运营商提供的通信网络阅读、查询、获取资源。此种方式对网络和终端要求都比较低，但能提供的资源类型比较少，会产生运营商费用。

2. WAP网页模式。利用适合移动终端阅读的网站页面提供移动图书馆服务，对网络和终端的要求相对高一些，但检索方便，提供资源丰富。

3. APP服务模式。是目前应用最广泛的服务模式，具有功能强大、易扩展、资源丰富等优势。

（五）移动图书馆功能

移动图书馆需要实现五大功能[22]：

OPAC系统移动服务：即馆藏纸质文献的移动检索与自助服务；

数字资源移动服务：实现电子资源的一站式检索与全文移动阅读；

信息交流互动平台：实现公告信息发布与读者个性化服务定制；

共享云服务平台：实现馆外资源联合检索与文献传递服务；

RSS订阅平台：实现多来源信息的个性化阅读体验。

（六）移动图书馆关键技术

移动图书馆的发展推动了图书馆服务的发展，它本身的发展是建立在一系列技术支持之上的，它所涉及的关键技术如下：

1. 移动计算技术。移动技术实现数据的高度自由访问，不受时间和空间的限制，实现网络计算向移动计算的转变。移动平台用户随时都会和平台产生通信，在连接断开时，平台也需能对信息进行加工处理，这是移动计算技术的间隔处理功能；移动终端的计算能力有一定的局限性，需利用较少数量级进行资源的运算，这是移动计算的微量计算功能。

移动计算技术应用于移动图书馆，延伸了图书馆的传统服务功能，首先，增加了馆藏信息检索方式，读者无需到图书馆查询台进行馆藏索书号等的查询，通过移动终端就可以获取丰富的馆藏信息；其次，增加了信息资源的共享，移动计算改变了传统的借阅模式，同一种书可以多人同时阅读，不受复本量的制约。

2. WAP2. 0。二十一世纪初期，开发移动联盟推出了主要应用于移动互联网领域的WAP2. 0协议，随着互联网和移动终端技术的发展，WAP2. 0协议的体系版本不断升级。基于WAP2. 0协议的无线接口可以不用考虑GSM、TDMA、CDMA、GPRS等不同无线网络之间的差别，支持TCP/IP、HTTP、XML、SSL等标准，只要支持HTTP协议的移动终端，都可以使用。既可以提高用户的使用便利性，也可以降低程序员的开发难度。程序员可以使用自己熟悉的开发语言，如JAVAweb、PHP、C#等进行环境搭建、开发设计[23]。

3. 资源访问IP限制解决技术。目前大多数数字资源的访问限制都以单位的ip范围为限，但大多数手机是通过4G网络上网，4G网络一般没有固定的IP地址，或者多用户用一个，数据库商就没有办法通过限定特定IP范围的方式限定数据库的使用权限。超星移动图书馆通过在合法用户图书馆ip范围内设置代理服务器的方式，针对图书馆购买资源和自建库受ip控制，解决了图书馆注册用户通过移动终端访问的问题，实现了读者用手机和其他移动终端访问图书馆所有数字资源[24]。

4. 适合移动阅读的统一资源检索。目前大多数数据库生产厂商提供的检索界面一般为电脑版界面，手机阅读时存在显示不全等问题。超星移动阅读整合服务平台可以将不同数据库的界面，转换为适合在手机和移动终端使用的统一检索界面[25]。

5. 私有云技术。为了提高数据信息的安全性，可以利用虚拟化方式，把硬件设备安装于单位防火墙内，或托管给专业的第三方主机托管部门，只限于单位内部使用。私有云的应用目的就是最大程度提升硬件资源设备的利用效率，降低使用成本。

在数字图书馆建设过程中，很多图书馆普遍存在硬件资源缺乏的现象，同时某些馆却闲置资源过剩，造成资源浪费，私有云技术可以很好地解决这种矛盾。在私有云管理模式下，图书馆馆藏书目信息、特色文献库资源、数据库数据资源、定制的个性化服务平台信息资源等放于私有云之中，进行统一检索和管理。图书馆员通过身份验证后可以查询管理读者信息；读者也可以登录系统查询馆藏信息及个人信息，以及图书馆的相关活动，同时利用便捷的支付系统处理涉及赔偿、罚款等事件[26]。

二、超星移动图书馆概述

目前，我国移动图书馆的建设，除了技术力量比较强大的清华大学、上海交通大学等高校图书馆自主建设，绝大多数图书馆的移动图书馆系统都是第三方公司开发建设，和图书馆共同合作维护建设。目前，占据市场份额比较大的有“超星移动图书馆”、“书生移动图书馆”、“汇文移动图书馆”等，其中超星移动图书馆用户最多。本章节以超星移动图书馆为例进行研究。

（一）超星移动图书馆建设原则

1. 满足读者需求原则。读者利用移动终端实现检索和阅读的目的。为了更好地实现检索功能，需要创建一个一站式检索平台来精简检索过程。碎片化阅读是移动阅读最显著的特点，所以需要对资源进行主题式建设或按章节片段来建设，方便读者阅读。

2. 最大兼容性原则。应用市场的移动终端多种多样，技术参数也各不相同，有普通手机、触摸屏手机、Ipad、Iphone、学习机等，操作系统也有android和ios之分。在系统进行设计过程中，要充分考虑到各种终端的兼容性，能够使平台在各种终端上使用，并且要最大限度地精简操作流程，提供流畅简洁的服务。

3. 加强共享资源建设。利用私有云技术和强大的云服务共享体系功能，平台不仅能查找使用本馆的馆藏纸质资源和数字资源，也可以一站式获取全国范围内的资源分布情况，通过文献传递方式获取其他馆的资源。

4. 提供个性化服务。个性化服务是移动图书馆服务功能的重要发展目标，提供个人定制中心，每位读者都可以修改个人信息，了解自己的借阅历史、学习历史、收藏历史等信息，还可以根据个人移动端特征，选择个人访问界面，定制信息推送服务，比如：图书馆新闻通报、新书到馆提醒、借书到期提醒、热门图书推荐等。

（二）超星移动图书馆建设方案

1. 资源整合建设方案。

（1）系统架构。把各种类型的资源形成一个整体，解决信息孤岛的难题，免去分别登录各个系统、重复检索的操作。同时，移动图书馆对信息资源进行充分的挖掘和关联，形成全国范围的联合目录。

资源整合系统整体架构可以分为三层，为数据资源层、应用支撑层、业务应用层。

数据资源层：包含图书馆的各种数据库资源，例如电子图书库、视频库、学位库、课件库、自建库等，并和认证系统等外部系统进行数据交换。

应用支撑层：主要包含通用中间件、业务中间件、阅览支撑模块、视频点播支撑模块等，进行各种资源和功能的整合、应用处理。

业务应用层：以APP方式或网站形式展现在读者面前的应用界面及功能，包含资源（图书、视频、课件等）管理、课程管理、视频点播、学习计划管理、图书、课件阅读、电子档案处理、资源搜索、留言板、广告发布、用户社区等。

系统利用元数据挖掘存储管理系统实现了真正的资源整合，首先对元数据库进行存储和预处理，进行重新排序，然后以基于元数据的检索方式，为读者提供互联网搜索引擎方式的检索。对于元数据的管理，主要包含：一是对元数据的存储和维护，二是对各数据仓库建模工具、数据获取工具等之间的信息传输，以及对各模块和工具之间的工作协调。

（2）元数据处理。

①元数据建设对象。建设范围包含区域范围内馆藏与电子资源，包括远程服务系统。包含图书、期刊、学位论文、报纸、视频、互联网免费资源等多类别、多格式资源的数字资源和馆藏资源。应用系统包含OPAC系统、资源导航、文献传递等系统[27]。

②元数据处理流程。

第一步：数据集成整合。首先，收集各个文献平台中的数据，把收集的元数据保存至元数据库中；其次，针对不能直接收集的元数据，支持OAI-PMH协议的数据库元数据，利用收割工具进行数据转换，然后保存至元数据库中；对不支持OAI-PMH协议的数据库元数据，利用spider工具进行抓取，更新转换后保存到元数据库中[28]。

第二步：数据分析预处理。主要包含对元数据的智能排序、OLAP分析和报表工具等。首先把关系表进行映射合并处理，预先建立索引；其次对数据仓库中的数据进行多维分析，建立标准元数据格式。元数据存储在专用数据库中，分为用于检索的索引目录和用于元数据与原文进行关联的关系映射数据库[29]。

2. 一站式统一检索平台建设方案。

（1）全文搜索引擎与导航。系统提供统一的检索界面和检索语言，对各种异构数据资源进行统一的检索，包含对图书、期刊、学位论文等中外文资源，以及馆际互借系统等的集成平台等；然后对各平台的检索结果进行知识组织，形成统一的检索结果。全文搜索引擎首先实现对题名、作者、主题等的分析检索，继而达到对内容的全文检索[30]。

（2）功能描述。元数据搜索：搜索已做了收割预处理的元数据，去除重复项。对于多个数据商都有的检索结果，可以把数据库商都列上，形成统一检索结果。

全文检索：对文章内容进行全文检索。

快速检索：使读者使用搜索平台像使用搜索引擎一样简单快捷，对结果可以进行二次检索和筛选，并提供多种排序方式。

资源导航：利用字母顺序、主题等分类方式，对电子资源进行导航，便于进行浏览。

语义分析：对检索词进行自然语义分析，使检索更加精准和智能。

3. 资源调度系统。

（1）建设任务：通过资源调度系统，解决整合资源的原文链接服务，实现知识库的自动更新调度。为了更有效地实现服务的调度，系统一般以动态脚本技术制定调度规则，便于增加新资源和服务。

（2）功能描述。OpenURL全文链接：通过维护链接解析器依照规则动态生成开放链接的URL，形成一种附带有元数据信息和资源地址信息的URL，实现资源之间有序的动态管理和链接。

资源调度：首先根据数据来源，优先调度获取最快的资源，一般的资源调度顺序为本地资源>成员馆远程资源>文献传递；其次，平台优先分配读者的授权资源，对于非授权资源，平台提供授权成员馆名称，进行文献传递；第三，系统优先使用自动传递，对于不能自动传递的资源再转到人工传递队列；第四，系统提供配置工具，可以对资源调度知识库进行个性化配置。

数据合并分发：系统对元数据进行查重，去除重复记录后进行数据合并；收集文献题录信息，提供全文链接或文献传递功能给用户。

4. 文献传递系统建设平台。

（1）文献传递系统概述。利用先进的云服务技术，将馆藏OPAC系统、中外文数据库资源和文献传递系统进行集成，读者可以通过系统直接提交馆际互借申请，并可以实时查询申请处理进度，最后通过系统获取成员馆的馆藏文献。

（2）功能描述。馆际互借：系统遵循ISO10160/10161标准，成员馆接到调度申请后，自动或手动传送申请资源，实现成员馆之间的馆际互借；在区域中为各个成员馆分配管理员和馆际互借员。

文献传递：在资源检索系统中嵌入文献传递系统，对于没有授权不能直接获取的资源，自动向系统成员馆发送文献传递请求。

后台功能管理：一是用户管理，对用户的权限设置、用户增减等操作；二是事务管理，处理本馆的借阅申请、外馆的借阅申请、馆际互借申请等；

三是统计管理，包含用户申请统计、馆际互借统计、提供资源统计、工作量统计等等。

5. 阅读整合服务平台建设。

（1）资源建设：购置添加适合手机等移动终端阅读的专用数字资源，主要为epu格式的电子书和电子报纸、期刊等资源。

（2）接口模块建设：包含OPAC系统接口，以及实现查询、预约、续借、催还等功能的模块建设，最终实现纸质馆藏文献的移动检索和自助服务。

（3）互动平台建设：实现读者全部功能模块的个性化定制服务和公告信息的发布。

（4）数据集成：通过数字图书馆门户和全国共享云服务体系的集成，实现数字资源的一站式检索、全文移动阅读、文献传递服务。

（5）门户平台建设：建设用户认证系统和适合移动阅读的门户网站，实现统一检索和电子全文的资源调度和界面转换。移动设备包含针对普通手机、触屏手机，以及基于android和ios系统的移动终端。

总之，超星移动图书馆深入分析读者需求，凭借自身资源和技术优势，实现了任何用户、在任何时间、任何地点获取任何图书馆的任何资源的目标，为实现数字图书馆的最终目标奠定基础。

6. 资源包建设。

（1）我的订阅服务：系统集成RSS订阅功能，为用户提供个性化定制信息服务，包含了图书、报纸、有声读物、视频等30多种频道，使读者可以在任何时间都可以自由选择自己所感兴趣的信息，提供个性化阅读体验。

（2）功能板块。热门推荐模块：焦点新闻：精选每日重要新闻和时事热点；热门推荐：精选某些频道新闻；热门分类：包括财经、科学、教育、文史等方面的新闻，给个类别可以自由选择新闻频道。

书籍导航：包含了3万多种的EPUB纯文本热门图书，主要为青春文学、经济管理、人文社科、经典名著等。

报纸导航：精选主流报纸和各省份重要报纸的重大要闻，并不间断更新。

视听导航：提供近15000集的有声读物，同时提供2万集课程的在线视频课堂，让读者在享受唯美声音的同时，随时随地接收名师大家的课程。

（三）工作原理

1. 超星移动图书馆工作原理。

超星移动图书馆的工作原理如下图：

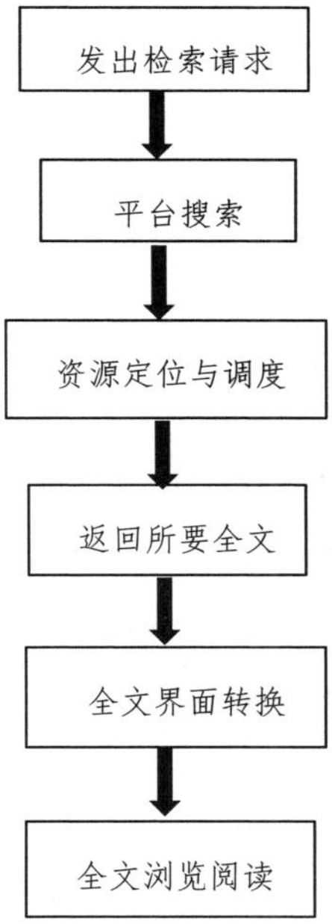

超星移动图书馆工作原理图

2. OPAC挂接原理。移动图书馆实现了图书馆OPAC系统常用功能，需要和OPAC系统的挂接。实现这个功能的方式有两种：

一种是接口方式：图书馆提供其OPAC系统相关的接口，比如：OPAC登录接口、馆藏查询接口、纸本的详细页面接口、预约接口、借阅信息接口等，通过接口进行对接；

第二种是页面分析方式：通过HTTP协议访问OPAC系统，通过对返回的页面信息进行DOM解析，封装转化为所需的字段信息，展示到超星移动图书馆。这种方式要求OPAC系统可以进行外网访问，实现过程较为复杂。

（四）超星移动图书馆网页版功能介绍

1. 功能概述。移动图书馆平台已嵌入云服务架构共享体系，把Web页面转化为适合移动阅读的页面模式，同时筛选掉烦冗信息，让读者用最好的操作，得到最想要的信息。移动图书馆页面版可以提供本馆馆藏和电子资源查询，同时获取全国范围内的资源分布情况，更可以利用强大的云服务能力，获取外馆的资源传递服务[31]。

2. 馆藏查询。查询本馆纸本资源的馆藏情况，并可以进行查询、预约、续借等操作。

（1）点击首页“馆藏查询”，打开馆藏查询页面，输入检索词进行搜索。

（2）在检索结果页面，可进行查看馆藏信息，并可以进行预约续借。

3. 数字资源的检索与阅读。超星移动图书馆数字资源依赖于超星公司的海量的中外文文献数据基础，目前拥有4亿多条的元数据，文献类型包含了中文外图书、期刊、学位、报纸、会议论文、报告、专利等，数据实时更新，并提供互联网搜索引擎方式的检索体验。实现了与国内700多家图书馆的馆藏书目系统和中外数据库等系统的集成。对于本馆没有馆藏的资源，可以通过文献传递的方式获取成员馆丰富的馆藏资源。

（1）电子图书。超星移动图书馆电子图书频道的资源基础为已有的310万种图书、10多亿页全文资料、240万种图书原文，通过文本方式（即手机电子书）和原貌方式，方便快捷的利用移动终端查看图书目次和全文，并能通过“文献传递部分页”到邮箱，获取需要的全文。

超星公司将全国文献单位所收藏的纸质馆藏信息进行集成，建立了全国图书联合目录。读者可以查看图书的全国馆藏信息，实现纸本馆藏的合理调配。

在首页选择图书频道，输入检索词进行检索；得到检索页面后，可以查看图书的详细信息；可以以图片格式查看图书原貌，也可以查看全国的馆藏信息。没有全文的图书可以通过文献传递的方式，获取所需的部分内容，发送到个人邮箱。

（2）电子期刊。期刊频道的文献基础是已收录的7800万篇中文期刊元数据和近16000万篇外文期刊元数据，可以通过方便手机阅读的原版阅读和文本方式查看资源全文，还能通过文献传递的方式获取需要的全文资源。

4. 我的订阅。系统集成RSS订阅功能，为用户提供个性化定制信息服务，包含了电子书、报纸、期刊、有声读物、视频等30多种频道，使读者可以在任何时间都可以自由选择自己所感兴趣的信息，提供个性化阅读体验。

（1）热门推荐。热门推荐：每日提供18个频道的新闻；

热门分类：包括外文资讯、财经、教育、热门报刊、体育等十多个方面的新闻。

（2）书籍导航。包含了3万多种的EPUB纯文本热门图书，主要为青春文学、经济管理、人文社科、经典名著等。

（3）报纸导航。精选主流报纸和各省份重要报纸的重大要闻，并不间断更新。

（4）视听导航。提供近15000集的有声读物，同时提供2万集课程的在线视频课堂，让读者在享受唯美声音的同时，随时随地接收名师大家的课程。

（5）16种各类咨询。

5. 个人中心。个人中心用来管理个人账号，可以进行基本设置、修改个人信息、查看个人借阅信息等操作。读者可以根据需要，在该模块进行个人空间设置。

单击首页底部导航“个人中心”，进入个人中心页面。包含了馆藏借阅、我的收藏、我的书签、我的评论、浏览历史、检索历史、信息定制、个人信息等模块。

（五）超星移动图书馆客户端功能

超星移动图书馆除了支持网页版的浏览服务，还提供了基于ios和android系统的手机APP服务功能。移动图书馆APP功能更加丰富，首先，APP嵌入基于元数据整合的一站式搜索引擎，实现对异构数字资源的一站式检索、阅读和下载；第二，APP和OPAC系统进行了对接，实现对用户的统一管理，用户登录后，可进行馆藏查询、借阅查询等；第三，添加条码扫描功能，手机拍摄即可进行检索，简单快捷。

1. 馆藏查询。在馆藏查询页面输入检索词，点击搜索，即可得到检索结果。可以查看馆藏信息、借阅信息，也可以进行图书预约、续借、条码扫描等功能操作。

2. 学术资源查询。移动图书馆提供了图书、期刊、视频、报纸等各类型数字资源，供读者进行查询阅读。

3. 入馆教育。移动图书馆集成入馆教育模块，可对图书馆的利用进行文字或图片说明。

4. 读者荐购。读者可填写荐购单，进行图书荐购。

5. 我的订阅。可以订阅自己感兴趣的新闻频道、报纸、视频等。

6. 个人中心。可进行借阅证绑定/解绑、新闻资讯收藏、用户信息编辑、下载设定、查看借阅信息和扫描历史等。

（六）后台管理

1. 推送管理。对推送的信息进行管理，利用推送日志可以进行推送统计。

2. 流量统计。管理员可以统计本单位总访问量、读者登录次数、APP启动量、APP安装量以及文献传递量。

总访问量：本单位的所有用户在指定时间段内产生的点击总量，可以反映本单位的总体访问量趋势；

读者登录次数：反映整个单位的用户登录次数趋势（从开通之日开始记录）；

文献传递量：针对学术资源中的每个频道的文献传递使用情况的统计。

3. 评论管理。管理员可以按照图书名称或评论标题来查看、删除读者对图书的所有评价。

4. 读者荐购。管理员可以针对读者所荐购的图书进行删除、导出等操作；可以查看到每本书的荐购次数、荐购时间、以及荐购的书名、作者、isbn号等详细信息。

第二节　微信平台在高校图书馆中的应用

一、微信平台介绍

（一）微信

微信是由腾讯公司出品，在手机上实现沟通交流功能的智能应用程序，支持手机主流操作系统。微信推出一年的时间注册用户便突破了1亿。2012年4月份腾讯公司推出了国际化产品“WebChat”，进军海外市场。截止到2016年6月底，微信和“WebChat”的活跃用户已超过8亿。微信凭借其强大的信息通信功能、低廉的通信成本、便捷的支付方式，拥有了庞大的粉丝数量。

（二）微信公众平台

微信公众平台是在微信的基础上开发的全新功能模块，它可以推送多媒体讯息、自动回复、自定义菜单等功能，而且可以实现与关注用户之间的频繁互动，达到良好的宣传营销效果。

微信公众平台目前包括三种类型：订阅号、服务号和企业号。三种类型的公众账号有不同的开发接口权限和功能，注册时，要慎重考虑选择，因为一旦选择并成功注册后，类型是不能更改的。如需更改，则需要重新注册，且注册的新账号不能和已取得认证的账号重名[32]。

普通订阅号和普通服务号注册便捷，功能简单，但仅以传播消息为主。如果想实现更多、更高级的功能和权限，就需要申请认证订阅号和认证服务号。如针对企业内部的运营和管理，可以申请企业号。

各种类型的公众号具备的功能权限区别如下：

表1. 微信订阅号与服务号的区别

功能权限	普通订阅号	认证订阅号	普通服务号	认证服务号
消息直接显示在好友对话列表中			√	√
消息显示在“订阅号”文件夹中	√	√		
每天可以群发1条消息	√	√		
每个月可以群发4条消息			√	√
基本的消息接收/回复接口	√	√	√	√
聊天界面底部，自定义菜单		√	√	√
九大高级接口				√
可申请开通微信支付				√

二、总体开通情况

本次调研对象为山东省41所省级公办全日制高校图书馆。登录微信，点击“添加朋友”——“公众号搜索”，输入“院校名称+图书馆”进行搜索，对搜索结果统计分析如下（选取时间段为2021年3月1日至5月31日）：

总体开通情况为：41所高校图书馆中已全部开通微信公众号，其中，山东师范大学图书馆开通两个微信号，一个服务号一个订阅号。具体开通情况如表2：

表2. 山东省高校图书馆开通微信服务情况

学校	微信名称	微信号	微信头像	是否认证	微信类型	开通时间	欢迎词
滨州学院	滨州学院图书馆	gh_aa63392ad4f5	图书馆照片	是	订阅号	2017. 01. 03	感谢关注

学校	微信名称	微信号	微信头像	是否认证	微信类型	开通时间	欢迎词
滨州医学院	滨州医学院图书馆	bzmclib	馆徽	是	订阅号	2016. 03. 14	无
德州学院	德州学院图书馆	dzdx-lib	图书馆照片	是	订阅号	2017. 09. 08	欢迎关注
菏泽学院	菏泽学院图书馆	hzxytsg	图书馆照片	是	订阅号	2017. 10. 17	欢迎关注
济南大学	济南大学图书馆服务平台	jidatsg		是	订阅号	2016. 09. 08	无
济宁学院	济宁学院图书馆	jnxytsg	馆徽	是	订阅号	2015. 05. 29	感谢关注
济宁医学院	济宁医学院图书馆	jnmulib	图书馆图片	是	订阅号	2014. 12. 03	欢迎关注，简单服务介绍
聊城大学	聊城大学图书馆	lcdxtsg	馆徽	是	订阅号	2015. 11. 20	欢迎关注
临沂大学	临沂大学图书馆	lyulib	校徽	是	订阅号	2015. 05. 15	欢迎关注
鲁东大学	鲁东大学图书馆	ldulib	馆徽	是	服务号	2016. 07. 05	感谢关注
齐鲁工业大学	齐鲁工业大学图书馆	qlgydxtsg	馆徽	是	订阅号	2015. 09. 06	无
齐鲁师范学院	齐鲁师范学院图书馆	qlnulib	馆徽	是	订阅号	2016. 06. 29	欢迎关注
青岛大学	青岛大学图书馆	qdulib	图书馆照片	是	订阅号	2019. 04. 29	有

学校	微信名称	微信号	微信头像	是否认证	微信类型	开通时间	欢迎词
青岛科技大学	青岛科技大学图书馆	qust-lib	随意图片	是	订阅号	2016. 06. 23	欢迎关注
青岛理工大学	青岛理工大学图书馆	gh_0e103ac021a4	校徽	无	订阅号	2018. 05. 11	无
青岛农业大学	青岛农业大学图书馆	QAULIBRARY	馆徽	是	订阅号	2016. 08. 22	欢迎关注
曲阜师范大学	曲阜师范大学图书馆	qfnulib	校徽	是	订阅号	2015. 10. 31	感谢关注
山东财经大学	山东财经大学图书馆	sdufe_lib	馆徽	是	订阅号	2016. 04. 11	感谢关注（账号说明）
山东第一医科大学	山东第一医科大学图书馆	gh_0726c580f64c	图书馆照片	是	订阅号	2017. 10. 27	欢迎关注
山东工商学院	山东工商学院图书馆	sdtbulibrary	图书馆照片	是	订阅号	2015. 09. 06	欢迎关注
山东工艺美术学院	山东工艺美院图书馆	sgytsg	图书馆简写字母图片	是	订阅号	2017. 03. 24	欢迎关注
山东管理学院	山东管理学院图书馆	gh_8df87332669	图书馆照片	是	订阅号	2020. 11. 5	欢迎关注
山东建筑大学	山东建筑大学图书馆	SDJZDXTSG	馆徽	是	订阅号	2018. 10. 22	欢迎关注

学校	微信名称	微信号	微信头像	是否认证	微信类型	开通时间	欢迎词
山东交通学院	山东交通学院图书馆	sdjtu-lib	图片	是	订阅号	2017. 11. 20	欢迎关注
山东警察学院	山东警察学院图书馆	sdpclib	馆徽	无	服务号	2015. 09. 09	感谢关注
山东科技大学	山东科技大学图书馆	sdust—lib	校徽	是	订阅号	2015. 12. 14	欢迎词
山东理工大学	山理工图书馆	sdutlib	校徽	事	订阅号	2018. 07. 21	欢迎词
山东农业大学	山东农业大学图书馆	sdaulib	图书馆照片	是	订阅号	2015. 04. 21	欢迎关注
山东农业工程学院	山东农业工程学院图书馆	sdaeulib	图书馆照片	是	订阅号	2018. 03. 01	无
山东女子学院	山东女子学院图书馆	sdnzxyt	图书馆照片	是	订阅号	2015. 12. 17	无
山东青年政治学院	山青院图书馆	sdyuTX	校徽	是	订阅号	2019. 08. 29	感谢关注
山东师范大学	山东师范大学图书馆	shandongshida_tsg	书的图片	是	服务号	2015. 03. 12	感谢关注
山东师范大学	山东师范大学图书馆信息服务平台	libofsdnu	图书馆照片	无	订阅号	2015. 06. 23	无

学校	微信名称	微信号	微信头像	是否认证	微信类型	开通时间	欢迎词
山东体育学院	山东体育学院图书馆	SDTYTSG	图书馆照片	是	订阅号	2018. 04. 08	感谢关注
山东艺术学院	山东艺术学院图书馆	tsgsdca	书的照片	是	订阅号	2015. 05. 19	欢迎关注
山东政法学院	山东政法学院图书馆	sdupsllib	校徽	是	订阅号	2015. 07. 01	感谢关注
山东中医药大学	山东中医药大学图书馆	SDZYYDXtsg	书的图片	是	订阅号	2017. 03. 29	无
泰山学院	泰山学院图书馆	tsulib	图书馆照片	无	订阅号	2015. 04. 01	欢迎关注
潍坊学院	潍坊学院图书馆	wdtsggw	校徽	是	订阅号	2019. 11. 18	无
潍坊医学院	潍坊医学院图书馆	gh_f252715b4556	图书馆照片	是	订阅号	2020. 09. 08	欢迎关注
烟台大学	烟台大学图书馆	ytulib	馆徽	是	服务号	2015. 12. 10	有
枣庄学院	枣庄学院图书馆	UZZLIB	馆徽	是	订阅号	2021. 03. 10	欢迎关注

三、微信公众号应用分析

（一）图书馆微信公众号名称的设置

在开通微信平台的图书馆中，微信公众号用户名一般采用图书馆全称或惯用的简称。这易于让读者搜索寻找到，也强化了图书馆本身的品牌性和真实性。其中使用图书馆全称的有37所，另外，有3所为图书馆简称，分别为“山东工艺美院图书馆”“山理工图书馆”“山青院图书馆”；一所为“图书馆全称+信息服务平台”，是“山东师范大学图书馆信息服务平台”。

在微信平台，微信名称一旦确定，是不能进行更改的，他一般支持汉字、数字、字母等组合。在所调查的图书馆中，使用图书馆英文简称的有24所，比如：青岛大学图书馆的微信号为“qdulib”；使用汉语拼音缩写的有12所，比如菏泽学院图书馆的微信号为“hzxytsg”、聊城大学图书馆的微信号为“lcdxtsg”。有6所图书馆的微信号为系统默认生成字符，例如滨州学院图书馆微信号为“gh_aa63392ad4f5”、青岛理工大学图书馆微信号为“gh_0e103ac021a4”。

（二）公众号账号类型和认证情况调查

通过调查，42个微信公众号（41所高校图书馆）中订阅号38个，占比90%，服务号4个，占比10%。已通过认证的公众号38个，占比90%，没有认证的公账号4个，占比10%。

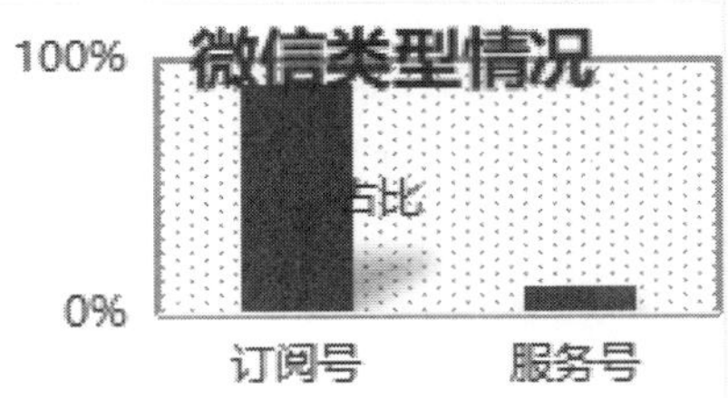

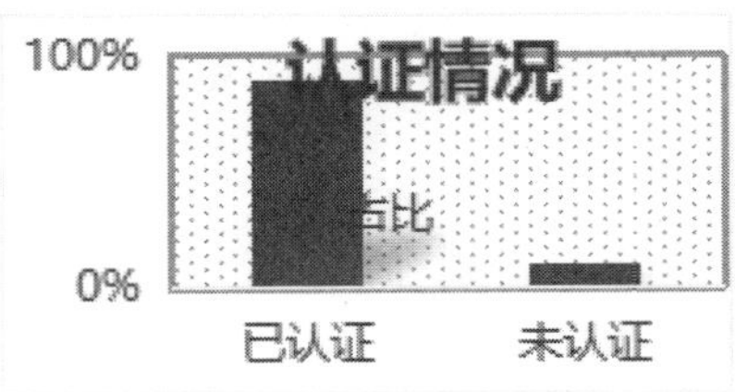

（三）欢迎信息调查

在第一次添加微信公众号的时候，一般都会显示欢迎信息。有7个图书馆微信号没有任何欢迎信息。有26所图书馆只是简单的“欢迎您关注XX公众号”或“感谢关注XX公众号”，比如：泰山学院图书馆。有8所图书馆在欢迎词的后面添加了用户指引和导航服务，比如：德州学院图书馆、聊城大学图书馆。

（四）人工服务调查

微信公众号开通人工服务，实现馆员与读者之间实时沟通交流，可以快捷、准确的解决读者问题，提高读者使用体验度。通过调查，有6所图书馆提供了人工服务。其中4所图书馆只提供了馆内的联系电话，3所图书馆提供了交流QQ号。

（五）功能介绍调查

公众号介绍可以介绍公众号的服务内容，方便用户了解公众号服务内容，以此来决定是否关注。大部分图书馆公众号都介绍了图书馆或微信服务内容，有的比较详细，比如济宁医学院图书馆的公众号介绍为“馆情速递、资源推广、信息服务、信息素养促进”，齐鲁工业大学图书馆的公众号介绍为“齐鲁工业大学图书馆是图书文献汇集的信息中心，为您提供丰富的文献资源和便捷的信息服务”，青岛大学图书馆的公众号介绍为“建设：服务学生的知识获取中心；服务学者的文献数据中心；服务学术的研究交流中心；服务学科的情报咨询中心；服务学校的文化传播中心；服务社会的资源共享中心。打造：凝聚青大灵魂、独具青大气质、展现青大魅力的文化知识综合体！”。有的比较简单，内容言简意赅，比如济南大学图书馆的公众号介绍为“济南大学图书馆服务平台专注于服务读者”，临沂大学图书馆公众号介绍为“临沂大学图书馆公共信息发布与查询”。

（六）服务形式调查

在开通的图书馆微信公众平台中，常见的服务形式主要有：

1. 信息推送。信息推送是微信公众号的最基本功能，图书馆可按照一定的频率，把和图书馆服务相关的资讯信息，以文字、图片、音视频等形式向用户群发。有些图书馆微信账号初期仅有信息推送功能，比如青岛理工大学图书馆。

2. 命令查询。在平台的对话框中输入特定的检索词或检索语句，可获取相应的咨询信息。

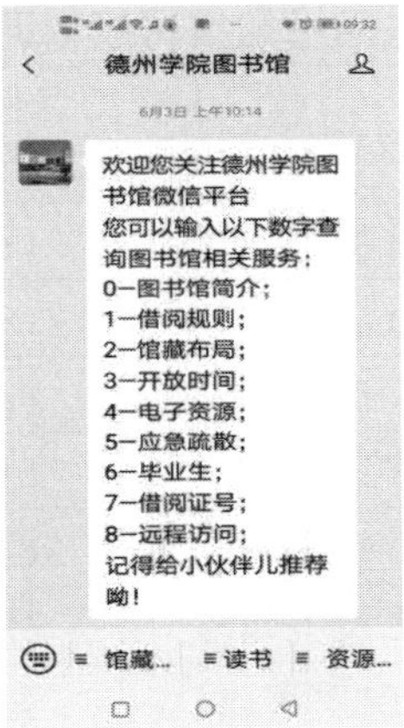

3. 菜单导航。通过认证的公众号获得自定义菜单功能，一般设置2至3个一级菜单，一级菜单下再设置若干个二级菜单。菜单内容一般包括我的图书馆、读者服务、资源检索、读者指南、服务公告等。

4. 人工应答。设置专人及时关注回答用户的需求信息，即图书馆的参考咨询服务。在山东省开通的图书馆中，绝大多数尚未提供实质意义上的“人工应答”服务。

（七）信息推送服务调查

1. 信息推送频率调查。利用微信公众号进行信息推送是图书馆利用微信进行主动服务的主要功能，在这次调查中，去除寒假期间的影响，选取2021年3月1日到5月31日，三个月的时间范围区间。在这3个月中，没有信息推送服务的有4所，为青岛理工大学图书馆、山东警察学院图书馆、山理工图书馆、泰山学院图书馆。推送1—10篇的有4所图书馆，占比9. 76%；推送11—20篇的有4所图书馆，占比9. 76%。推送21—30篇的有9所图书馆，占比21. 95%；推送31—40篇的有3所图书馆，占比7. 32%；推送41—50篇的有2所图书馆，占比4. 88%；推送51–60篇的有4所图书馆，占比9. 76%；推送61–70篇的有4所图书馆，推送71篇以上的有7所图书馆，占比17. 07%。其中聊城大学图书馆推送高达138篇，为最多。 这些图书馆较好的利用了微信的信息推送功能，给读者提供便捷、优质的信息服务。各高校图书馆微信推送频率情况如表3。

表3. 各图书馆推送频率调查表

学校名称	微信名称	3月份推送条数	4月份推送条数	5月份推送条数	总计
滨州学院	滨州学院图书馆	18	30	5	53
滨州医学院	滨州医学院图书馆	15	33	19	67
德州学院	德州学院图书馆	12	14	16	42
菏泽学院	菏泽学院图书馆	14	16	9	39
济南大学	济南大学图书馆服务平台	11	15	10	36
济宁学院	济宁学院图书馆	21	26	25	72
济宁医学院	济宁医学院图书馆	32	30	31	93
聊城大学	聊城大学图书馆	40	59	39	138
临沂大学	临沂大学图书馆	0	11	5	16
鲁东大学	鲁东大学图书馆	1	4	1	6
齐鲁工业大学	齐鲁工业大学图书馆	18	26	16	60
齐鲁师范学院	齐鲁师范学院图书馆	15	25	13	53
青岛大学	青岛大学图书馆	23	37	32	92
青岛科技大学	青岛科技大学图书馆	16	25	20	61
青岛理工大学	青岛理工大学图书馆	0	0	0	0
青岛农业大学	青岛农业大学图书馆	12	18	12	42
曲阜师范大学	曲阜师范大学图书馆	5	18	11	34
山东财经大学	山东财经大学图书馆	9	18	1	28
山东第一医科大学	山东第一医科大学图书馆	12	6	6	24

学校名称	微信名称	3月份推送条数	4月份推送条数	5月份推送条数	总计
山东工商学院	山东工商学院图书馆	14	12	2	28
山东工艺美术学院	山东工艺美院图书馆	9	12	5	26
山东管理学院	山东管理学院图书馆	12	12	5	29
山东建筑大学	山东建筑大学图书馆	1	15	4	20
山东交通学院	山东交通学院图书馆	20	27	17	64
山东警察学院	山东警察学院图书馆	0	0	0	0
山东科技大学	山东科技大学图书馆	15	53	20	88
山东理工大学	山理工图书馆	0	0	0	0
山东农业大学	山东农业大学图书馆	21	26	20	67
山东农业工程学院	山东农业工程学院图书馆	6	10	0	16
山东女子学院	山东女子学院图书馆	14	39	27	80
山东青年政治学院	山青院图书馆	17	26	10	53
山东师范大学	山东师范大学图书馆	2	4	1	7
山东师范大学	山东师范大学图书馆信息服务平台	4	8	6	18
山东体育学院	山东体育学院图书馆	0	4	0	4
山东艺术学院	山东艺术学院图书馆	5	9	7	21
山东政法学院	山东政法学院图书馆	22	33	30	85
山东中医药大学	山东中医药大学图书馆	6	15	9	30
泰山学院	泰山学院图书馆	0	0	0	0
潍坊学院	潍坊学院图书馆	4	8	5	17
潍坊医学院	潍坊医学院图书馆	2	4	4	10
烟台大学	烟台大学图书馆	9	7	7	23
枣庄学院	枣庄学院图书馆	0	0	8	8
总计		457	735	458	1650

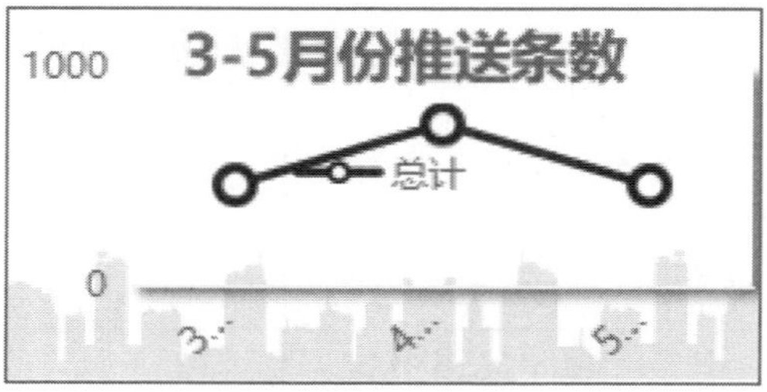

各图书馆推送频率调查对比图

从推送频率上看，因为4月读书月活动的影响，4月份各个馆的推送条数普遍偏多，3月份和5月份基本持平。按推送日期推送频率看，有的馆推送频率比较平均，比如济宁医学院图书馆，5月份基本每天一条。有的馆会在某个日期集中推出多条，比如青岛科技大学图书馆在4月22日推出8条、4月28日推出8条，而4月份总共推出25条。山东农业大学图书馆4月18号推出7条、4月22号推出8条，4月份总共推出26条。

2. 推送信息内容分析。微信公众号最主要的功能就是对图书馆服务的宣传与推广。通过调查分析，公众号推送的消息可分为以下几类：

新闻动态类信息：主要是图书馆的新闻、资源动态等信息。比如下图：

通知公告类信息：

资源推荐类信息：一般包含对馆藏书目、经典书目、数字资源的推荐推广。

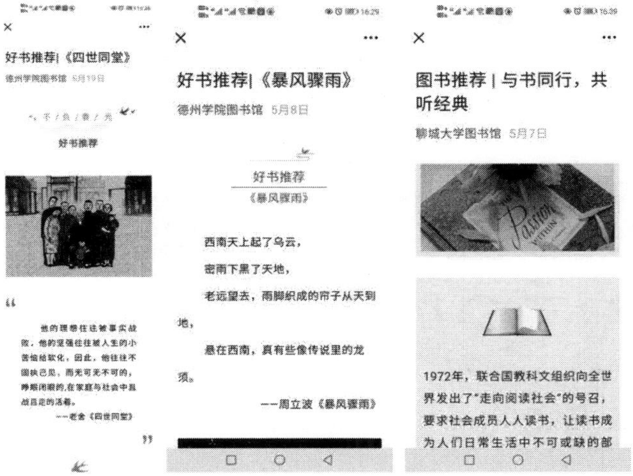

使用技巧说明类信息：包含对数字资源的使用说明、或某个软件、小工具的说明推荐等。

读书心得类信息：发表的读书心得、书评等。

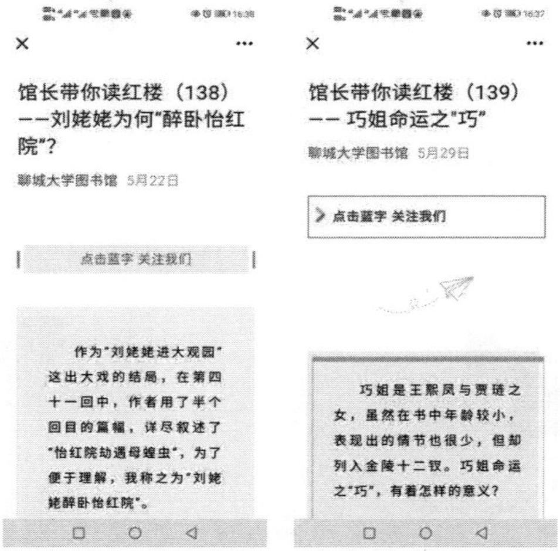

其他类信息：例如聊城大学图书馆的聊城传统故事系列等。

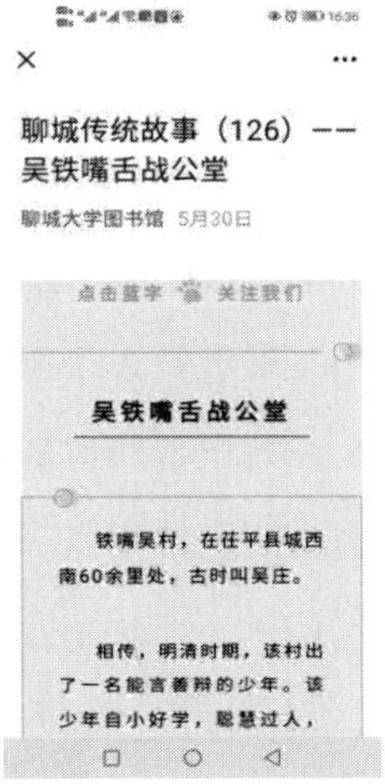

（八）互动咨询模式调查

为了提高读者体验度和互动性，图书馆公众号会设置自动回复功能。一些简单明了、格式化的问题可以根据关键词，设置自动回复答案，使读者及时快捷解决问题。同时，也减轻了咨询馆员的应答工作量。自动回复可以是文字、图片、语音等形式。开通这种功能的图书馆有5所，例如 德州学院图书馆、聊城大学图书馆、青岛农业大学图书馆等。

（九）自定义菜单服务调查

1. 自定义菜单设置情况。图书馆微信公众号中的菜单服务是实现图书馆微服务最重要的工具之一，可以提供一些基础性服务内容，例如：馆务通知、资源链接、读者服务、馆藏服务等。调研发现，没有开通自定义菜单的高校图书馆只有2所，其中山东师范大学图书馆有两个公众号，服务号有自定义菜单，订阅号没有。因为微信菜单的开发难度要大于推送信息服务，所以很多图书馆是和科技公司合作进行开发设置，其中合作比较多的公司分别是传扬信息科技（上海）有限公司、北京世纪超星信息技术发展有限责任公司、武汉鼎森世纪科技有限公司等。有记录的图书馆中，有19所图书馆和传扬公司合作，9所图书馆和超星公司合作，开发设置了微信菜单。总体设置情况如表4.

表4：设置微信菜单情况

学校	微信名称	菜单
滨州学院	滨州学院图书馆	我的图书馆：绑定读者证 书目查询 借阅信息 解绑读者证 博看有声 云悦读：好书推荐 公开课 二门图书 订阅中心 仁仁阅 信息服务：本馆介绍 代查代检 图书荐购 新生必修课 超星期刊
滨州医学院	滨州医学院图书馆	我的图书馆：绑定读者证 馆藏查询 借阅信息 电子阅览室 解绑读者证 便捷服务：往期文章 友情链接：学校主页 图书馆主页 创新报告（万方创新助手）
德州学院	德州学院图书馆	馆藏查询：读者登录 图书检索 常见问题 联系方式 读书：荐购书目 超星资源 德院阅读 歌德书目 优谷朗读 资源服务：微讲堂 职业培训 博看微刊 万方创新助手
菏泽学院	菏泽学院图书馆	Mylib：馆藏查询 借阅信息 账号绑定 账号解绑 通知公告 云悦读：公开课 好书推荐 热门报刊 订阅中心 常用服务：印象图书馆 超星学习通 座位预约 入馆教育考试 联系我们

学校	微信名称	菜单
济南大学	济南大学图书馆服务平台	服务大厅：新闻通知 图书馆介绍 新书热荐 座位预约 协会风采：志愿者协会 琅声协会 小图之声：活动专栏 风云墨坛 读者投稿 抖音征稿
济宁学院	济宁学院图书馆	我的图书馆：绑定读者证 我要找书 接环信息通知公告 解绑读者证 云悦读：博看微书屋 好书推荐 公开课 热门图书 订阅中心 常用服务：客户端下载 创新助手 网上报告厅 泛在微讲坛 常见问题
济宁医学院	济宁医学院图书馆	我的馆：馆藏查询 借阅查询 馆藏分布 开放时间 图书馆主页 来阅读：博看微刊 网上报告厅 百度文库 新东方多媒体学习 QQ阅读 微服务：文献传递 数据库绑定 校外访问 读者手册 移动图书馆
聊城大学	聊城大学图书馆	Mylib：馆藏查询 借阅查询 座位预约 掌阅精选 优谷朗读 爱阅读：党建云平台 好书推荐 畅想阅读 QQ阅读 龙源阅读 微服务：新生专栏 学术搜索 名师讲坛 掌上题库 常见问题
临沂大学	临沂大学图书馆	服务门户：网页形式（高级检索 绑定证件 借阅历史 违章欠款 荐购历史等） 其他：扫码荐购 扫码续借 签到 超星电子 预约签到 进馆预约：进馆预约 到馆验证
鲁东大学	鲁东大学图书馆	资源：移动图书馆 数图多媒体 中华诗词库 在线课堂 数字阅读 动态：馆内新闻 通知公告 资源动态 博看微刊 党史学习教育 服务：座位预订 当当读书 中邮阅读网 读者荐书 门户网站
齐鲁工业大学	齐鲁工业大学图书馆	我的图书馆：借阅续借 书目检索 图书导航 荐购图书 绑定解绑 热门：阅读推广 座位预约 云打印 CARSI访问 建党百年 微图书馆：网页版（服务导航 资源中心）

学校	微信名称	菜单
齐鲁师范学院	齐鲁师范学院图书馆	微服务大厅：网页版：证（解）绑定 个人资料 预约查询 我的借阅 书目检索 新书通报 图书续借借阅排行榜 读者服务：读者证绑定 开放时间 入馆须知 校外访问 资源服务：博看期刊 维普中文期刊 万方创新助手 龙源期刊阅览室 QQ阅读
青岛大学	青岛大学图书馆	电子资源：中文数据库 外文数据库 主题书柜 智能阅读 青大朗读 与馆相关：首页 图书分类 开放时间 书生电子图书 有声图书馆 读者中心：书目检索 学科资源 入馆教育 读者之星 座位预约
青岛科技大学	青岛科技大学图书馆	视频：国庆节快闪视频 微服务大厅：网页版：在借中 将过期 已过期 借阅清单 读者证绑定 个人中心 书目检索 图书续借 图书借阅排行榜 读者证挂失 公告动态：阅读推广 博看微刊 QQ阅读 新闻公告 资源动态 其他服务：开放时间 座位预约
青岛理工大学	青岛理工大学图书馆	无菜单
青岛农业大学	青岛农业大学图书馆	我的图书馆：读者证关联 我的借阅 馆藏查询 开馆时间 馆情介绍 资源与服务：馆内功率 联系方式 党史主题书柜 专题活动：读书活动月 新生专栏 QQ阅读 万卷读书会 热门读书
曲阜师范大学	曲阜师范大学图书馆	我的图书馆：馆藏查询 借阅/续借 公告消息 绑定读者证 解绑读者证 云阅读：好书推荐 公开课 热门图书 书香中国 龙源期刊 常用服务：新生入馆教育 智能查询 信息素养 创新助手 新闻消息
山东财经大学	山东财经大学图书馆	我的图书馆：座位预约 新生入馆学习 我的借阅 借阅证绑定 借阅证解绑 馆藏资源：馆藏查询 学术资源 馆藏数据库 热门图书 服务动态：阅读推广 新闻公告 资源动态 开馆时间 联系我们

学校	微信名称	菜单
山东第一医科大学	山东第一医科大学图书馆	自助服务：馆藏服务 座位预约 超星图书馆 新东方英语 阅读推广：QQ阅读 精彩活动 阅疗中心 读者必修课 好书推荐 动态新闻：新闻公告 馆内动态 书香校园 关于图书馆
山东工商学院	山东工商学院图书馆	服务门户：网页版 活动公告：近期公告 讲座信息 资源动态 其他应用：座位管理系统 移动图书馆 新生专栏 入馆导航 超星党建云
山东工艺美术学院	山东工艺美院图书馆	视频：画展邀请函 服务门户：网页版 艺术：往期回顾 阅读空间：莹窗荐读 超星图书 畅想之星
山东管理学院	山东管理学院图书馆	微图书馆：图书馆简介 新生专栏 资源服务：阅读推广 图书检索 电子资源 新书推荐 博看网党建云阅读 馆内动态：通知公告 新闻动态
山东建筑大学	山东建筑大学图书馆（向导说明式）	入馆必读：图书馆概况 纸本图书借阅 数字资源使用 参考咨询 管理规定 资源服务：馆藏图书查询 电子文献查询 红色经典听书 红色经典读书 读者服务：开放时间 联系我们 党旗飘扬 读者投稿
山东交通学院	山东交通学院图书馆	资源：馆藏查询 书刊荐购 数字资源 新书速递 主题推荐 服务：读书月 通知公告 阅读推广 新生专栏 图管会 云阅读：worldlib人工智能在线咨询 博看微刊 中科考试库
山东警察学院	山东警察学院图书馆	无菜单
山东科技大学	山东科技大学图书馆	微服务大厅：网页版 在借中 将过期 已过期 借阅清单 读者证绑定 个人中心 书目检索 图书续借 图书借阅排行榜 读者证挂失 读者荐购 公告服务：服务指南 公告信息 影视推荐 博看微刊 博看党建云平台 阅读推广：QQ阅读 读者之星（热门读书活动） 红色连环画

学校	微信名称	菜单
山东理工大学	山理工图书馆	服务门户：网页版 读者中心：我的电子证 其他：扫码借书 扫码续借 扫码荐购 活动签到
山东农业大学	山东农业大学图书馆	视频：图书馆攻略 服务：馆藏分布 移动图书馆 开馆时间 座位预约 图书借阅 资源：数据库总览 名师讲坛 超星期刊 中文在线 QQ阅读 动态：历史图文 通知公告 新闻动态 新读者专栏 新读者闯关
山东农业工程学院	山东农业工程学院图书馆	视频：知网使用 冬至来源 读者服务：图书荐购 云悦读：党建云阅读 期刊 常用服务：客户端下载
山东女子学院	山东女子学院图书馆	视频：电子书借阅等 我的图书馆：绑定读者证 纸书查询 借阅/续借 解绑读者证 超星读书 常用服务：馆情介绍 座位预约 精华文章 沙龙志愿读协 线上活动 资源服务：偶看微刊 万方创新助手 网上报告厅 泛在微讲堂 龙源期刊
山东青年政治学院	山青院图书馆	资源服务：图书检索 青图讲堂 图书馆官网 试用期刊读者服务月活动 通知必知：图书建构 新闻快讯 通知通告 图书馆抗疫行动 入馆指南 志愿天地：日常活动 观影时刻 畅想书单 子菜单名称
山东师范大学	山东师范大学图书馆	微信图书馆：借阅续借 纸本资源电子资源绑定/解绑新生自学平台 资源服务：实时咨询 学科咨询 好书推荐 IC空间预约 动态：新闻公告 讲座通知 博看党建云 阅读推广平台优谷朗读
山东师范大学	山东师范大学图书馆信息服务平台	无菜单

学校	微信名称	菜单
山东体育学院	山东体育学院图书馆	微服务大厅：网页版：馆情简介 通知公告 服务指南 电子资源 维普期刊 万方数据 馆务动态 我的书架 新书推荐 读者荐购 QQ阅读 公开课程 书香山体：借阅信息 高级检索 报纸查看
山东艺术学院	山东艺术学院图书馆	服务门户：网页版 其他：扫码荐购 扫码续借 活动签到 入馆教育 资源服务：讲座信息 万方创新助手 超星电子图书 博看网党建云阅读 畅想之星电子书
山东政法学院	山东政法学院图书馆	微信服务：当前借阅 图书查询 绑定借阅证 解绑借阅证 为您服务：热门借阅 好书推荐 座位预约 入馆教育 仁仁阅 动态公告：最新公告 馆内动态
山东中医药大学	山东中医药大学图书馆	微信图书馆：图书馆门户 图书检索 我的图书馆 资源服务：数据库 QQ阅读 博看期刊 龙源期刊 通知通告：新闻公告 新生入馆教育 座位预约
泰山学院	泰山学院图书馆	我的图书馆：绑定读者证 我要找书 借阅/续借 通知公告 解绑读者证 云阅读：好书推荐 公开课 订阅中心 热门读书 博看微刊 常用服务：客户端下载 联系我们
潍坊学院	潍坊学院图书馆	微图书馆：入馆指南 通知公告 馆藏查寻 借阅查寻 图书馆主页 常用服务：数据库检索 收录检索 座位预约 入馆预约 入馆教育：入馆教育
潍坊医学院	潍坊医学院图书馆	微资源：中国知网 超星读书 超星党建云 微课堂：培训讲座 资源导览 党史展览 微服务：新书通报 查收查引 借阅信息
烟台大学	烟台大学图书馆	我的图书馆：绑定读者证 馆藏查询 借阅信息 本馆新闻 解绑读者证 云悦读：QQ阅读 VIPExam考试库 信息素养视频 龙源微刊 常用服务：在线QQ服务 图书馆订阅号
枣庄学院	枣庄学院图书馆	读者：账号绑定 馆藏查询 借阅信息 账号解绑 服务导航 资源：在线书城 热门图书 视频 公开课 报纸 入馆教育

2. 自定义菜单表现形式调查。在42个图书馆微信公众号中，有9个微信公众号链接了网页版的图书馆服务门户，其他则都是进行的一次性功能链接。图书馆服务门户网页功能比较多，基本包含了我的图书馆、馆藏查询、图书推荐、通知公告、讲座信息等基本图书馆服务功能。页面形式主要有以下几种：

3. 自定义菜单服务内容。

（1）用户管理。证号绑定和解绑：为了更加有效地对用户信息进行管理，并实现后续的借阅查询、续借、预约等功能，首先需要对个人证号进行绑定，设置个人密码，当不需要对个人信息进行查询时进行解绑。

个人借阅信息管理：绑定证号并登录后就可进行个人借阅信息的查询，包含书目信息、索书号、条码号、借阅状态、到期时间等。并可对即将到期的图书进行续借，对自己想看而未在馆的图书进行预约。

用户超期和罚款查询：读者可实时查询自己的超期情况和罚款信息，并有提前提醒功能。

（2）馆藏资源检索。对于纸质馆藏的检索，微信提供的资源检索方式有以下几种方式：

一是利用指令代码查询，指令式查询输入直接，查询速度快，需要微信要与图书馆的OPAC接口相连，读者直接在微信对话窗口中发送关键词查询书目，接收文本回复。关键词支持书名、作者和主题检索。有的图书馆的微信还支持语音检索。一般通过链接移动图书馆的网页版或直接对接移动图书馆进行检索。比如：山东农业工程学院图书馆、烟台大学图书馆等等。

山东农业工程学院图书馆　烟台大学图书馆

二是利用调用网页浏览器查询，通过图书馆网页版OPAC进行查询，例如德州学院图书馆直接链接了汇文系统的OPAC页面。

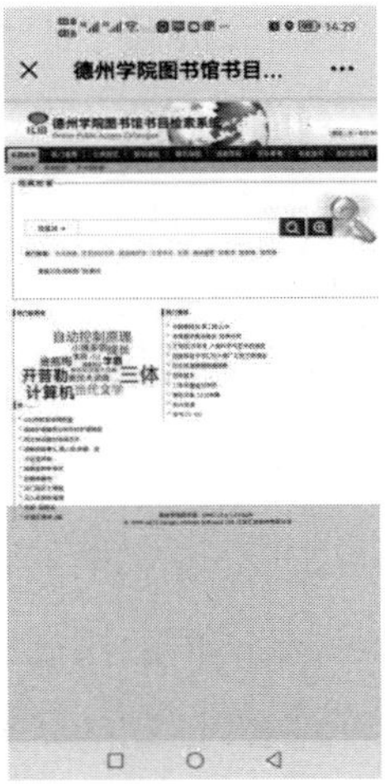

（3）电子资源检索。为了适应微服务的发展，很多数据公司都开发了面向移动阅读的数字资源库，比如超星公司、北京爱迪科森教育科技股份有限公司、上海万方数据有限公司、武汉鼎森、北大方正、湖北中文在线数字出版有限公司、重庆维普资讯有限公司等。开发的资源包含了电子书、小视频、微课堂、期刊等各种类型。大多数图书馆微信菜单链接了其中部分资源。主要有：

泛在微讲堂：《泛在微讲堂》整合国内优质的微视频资源，内容涉及学科层、技能层、生活层、文化层四大层面，资源以微视频为主。彻底跟进时代发展的脚步，将“学习多元化、知识碎片化、目标明确化”。从而，帮助各个阶段、各个学科、各个层次的更多使用者实现“随心学习”的梦想。

职业全能培训库：《职业全能培训库》为爱迪科森旗下产品，涵盖了大学生毕业时面临的公务员考试、研究生考试、就业、创业、出国深造等五个主要分流方向。能够直接对大学生的就业和深造提供培训服务，使大学生实现从“知识”到“能力”的转化，从而在就业时占有主动地位。目前开放使用的专题有：研究生考试、就业培训、创业指导三部分[33]。

网上报告厅：北京爱迪科森信息技术有限公司推出的《网上报告厅》是国内第一套大型视频专家报告库。它整合了中央党校、中央电视台、清华大学、中华医学会、中评网、解放军卫生音像出版社等权威学术机构的专家报告资源，包含“学术报告”和“学术鉴赏”两大类型视频报告群，和一个“精品课件”群，形成了7大系列的专家报告[34]。

博看微刊：博看微刊在博看网原有PC版远程包库服务的基础上，借助强大的微信公众平台，将4000多种精品期刊，5000多种畅销图书，及知名报纸内容进行多次加工处理之后，以便捷的使用形式，更高的清晰度画面，顺畅的浏览速度，给读者带来最佳的阅读体验。

万方创新助手：万方创新助手是一款面向科研人员的自助式科研信息服务平台，为用户提供基于科技文献的信息挖掘、分析和利用等服务。研究人员通过平台可以全面深入了解所关注课题的研究现状，完成特定领域专家与研究机构的研究数据提取，掌握学科最新动向与基金研究热点。创新助手可一键生成主题、机构、学者等相关的分析报告，帮助校内科研人员或师生轻松了解所关注主题的研究状况、学科领域专家与研究机构态势、科研项目课题成果与进展、科研机构科研能力统计与分析，全面掌握科研动向。此外，创新助手还可以为高校项目立项申报前期的选题分析提供信息参考支持；为科研人员成果检查与核实提供信息整合服务。

超星党建云：超星党建云小程序的便捷、轻量，让读者能快速聚焦精准推荐的内容，而优质的书单和互动功能内容也将引导用户一步一步完善知识体系，将让每位读者完美享受自我精进的高品质阅读生活。通过消息推送机制实现资讯实时推送，让广大用户第一时间了解党情、民情及上层动态，改变传统资讯传递滞后，到达率不高等弱点，提高资讯的阅读率。随时随地掌上学习，简单操作使用。资源模块：时政要闻、党建图书、党刊精读、有声读物、党建专题、70周年特辑、主题书单。

龙源期刊阅览室：龙源电子期刊阅览室，又名龙源期刊网。它汇聚了中国3000多种、200000册、1000万篇人文社科类期刊。阅览室分为时政新闻、经济法律、文化艺术、科技科普、健康生活等9个大类，提供了文本版、专题版、原文原貌版、语音版等多版本的内容资源服务。大刊名刊丰富，特别是独家签约大刊众多。如《读者》《三联生活周刊》《海外文摘》《财经》《大众摄影》《故事会》《互联网周刊》《看天下》《中国新闻周刊》《轻兵器》《计算机世界》等[35]。

QQ阅读：高校图书馆提供的图书大致可分为两类：专业书籍和非专业书籍。专业书籍由于其围着学生或老师的主要工作而展开，这就决定了其与工作的紧密关系，纸质、电脑版的数字类更能满足读者反复翻阅、查找的使用方式。非专业类图书对于满足读者阅读爱好、扩大知识面、丰富业余生活等方面需求，碎片化、娱乐化、多样化的阅读成为这类阅读的新特性。因此，移动数字化阅读更适合非专业类图书。QQ阅读主要包含非专业类图书，特别是一些热度特别高的图书，大多是小说一类。QQ阅读机构服务是阅文集团专门针对机构用户所推出的产品，后台与个人版QQ阅读、微信阅读数据同步，时刻保持书本的更新频率，在15万册左右，维持线上图书的热门度。

当当读书：当当读书校园版是当当旗下专业的数字阅读和听书平台，为高校师生量身定制，现有30多万种正版数字读物。专业电子书参照中图法分类，涵盖管理、经济、教育、计算机、医学、农业、艺术和文学等中图法涉及分类的所有内容，此外还有大量工具电子书和外文原版电子书资源，以及有声读物、热门网络文学作品等各种数字读物。支持移动端和PC端阅读，可以嵌入微信公众号。

畅想之星：畅想之星电子书平台由北京畅想之星信息技术有限公司研发。目前包含出版社和文化公司达到350家左右，电子书数量40万余种。读者可以通过分类导航浏览进行检索和浏览。如果图书馆已购买此书，则可以直接阅读和下载；如果图书馆没有该买此书，读者可以进行试读和下载部分内容，并且可以进行在线荐购。

4. 资源荐购。微信荐购系统指读者可以把所需图书书名、ISBN、出版社等信息；所需数据库链接、内容介绍等，以文字或拍摄照片的方式，通过微信发送。系统将定时将荐购信息反馈给采编部门，并及时向读者反馈购买、入藏情况，方便读者参与采访工作，提高采访针对性。有以下几种方式：

（1）微信荐购系统可以和图书馆管理系统荐购系统对接，读者登录后进行推荐，构建24小时微信实时荐购体系。比如山东工商学院图书馆、山东科技大学图书馆、山东理工大学图书馆。

（2）链接各种读者荐购平台，比如中教公司的“网上馆配会荐购选采服务平台”网站，例如滨州学院图书馆。

（3）填写书目信息表单，提交荐购信息，比如山东交通学院图书馆、山东农业工程学院图书馆。

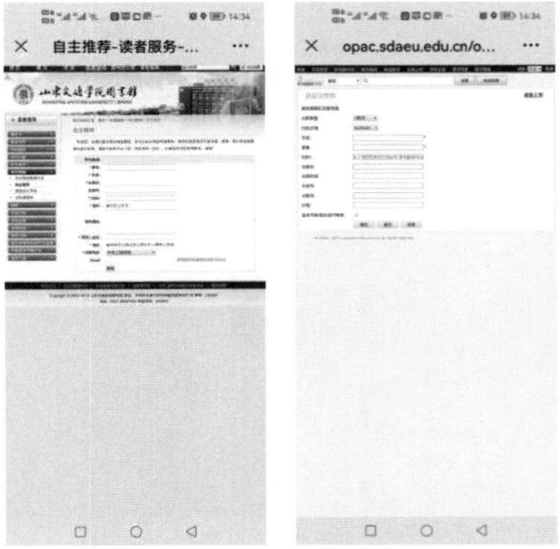

5. 资源推荐。包含电子资源的推荐和馆藏纸质资源的推荐，济宁学院图书馆定期推荐超星移动图书馆里面的电子图书，可在线阅读全文。

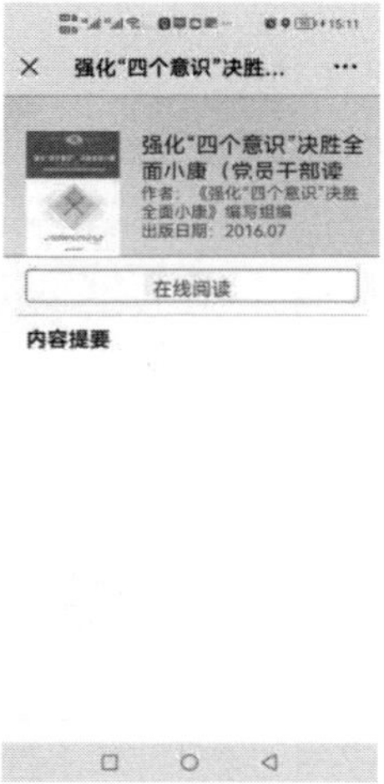

济南大学图书馆定期对书库新书进行推荐。

6. 读者培训。利用微信开展读者培训被广泛用于新生入馆教育和资源使用培训讲座活动中，首先可以利用文字向读者提供开放时间、藏书布局、机构设置、规章制度等信息；其次可以把图片与文字相结合，将各种培训课件展示给读者浏览；第三，可以将微视频资源嵌入微信平台，供读者自主学习，比如烟台大学图书馆微信公众号链接了高校信息素养教育数据库，包含了信息检索技术、信息检索系统知识等内容；第四，可以利用微信推送习题

测验或问卷调查，从而跟踪读者学习情况；第五，链接其他公司开发的入馆教育平台。

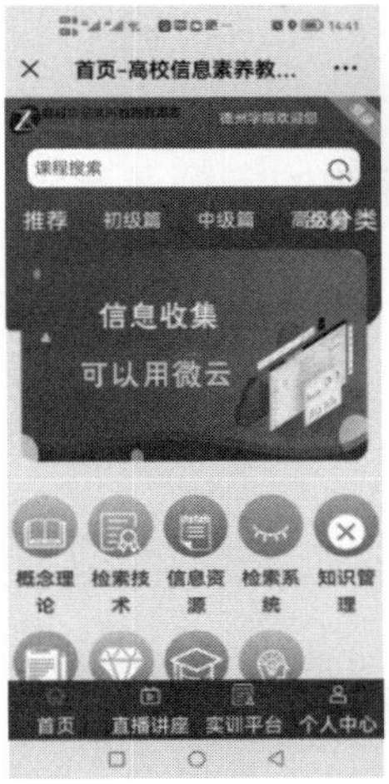

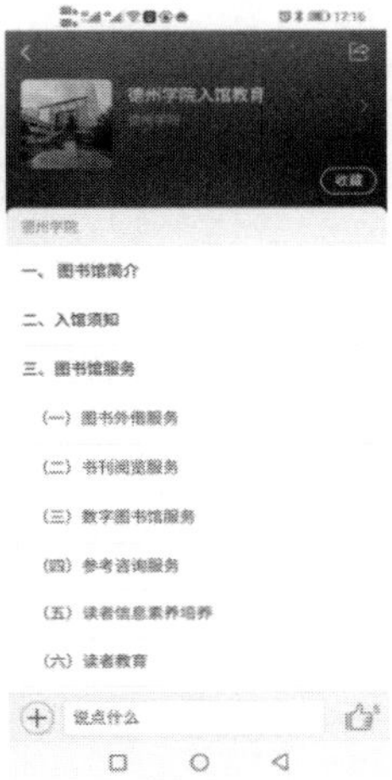

7. 其他服务。

（1）联系我们：可以利用微信把馆里的各部门的联系方式、服务内容进行推广。有些图书馆只给出了馆内或各部门的联系电话，如山东第一医科大学图书馆、德州学院图书馆；有的图书馆提供各部门的服务分工和联系电话，比如山东建筑大学图书馆；有的根据服务分工给出联系方式，比如青岛农业大学图书馆。

（2）座位预约：读者登录后，通过座位预约系统进行座位预约。

（3）其他类服务信息：还包括客户端下载、存包柜服务、校车查询、天气查询等；有的还提供社会服务，比如订火车票、酒店查询租车服务等等。

四、在图书馆中开展微信服务存在的问题及建议

（一）图书馆开展微信服务存在问题

图书馆利用微信开展服务的案例越来越多，但在其发展过程中，仍然存在着些许不足和问题，主要表现在：

1. 微信服务内容需要进一步丰富完善。图书馆开通微信平台服务的主要目的，是向读者提供更加便捷有效的服务内容。目前，国内高校图书馆微信平台的服务还需进一步丰富和完善，主要包括以下几点：①需要改进获取信息的形式便利性：有的图书馆微信平台不能一次性直接向读者提供相应的信息，而是需要读者根据其提供的链接入口多次点击才能进行查询浏览，有的还需切换到浏览器界面才可浏览，增加了读者的操作复杂性。②需拓展个性化服务内容：微信平台自身提供的可扩展性，为图书馆利用其开展个性化服务提供了可能。有些图书馆在个性化服务做出了探索，但大多数还没有结合各自馆的特色提供相应的个性化服务。③需补充实时参考咨询服务：实时互动是微信的基本功能，由于受人力等资源的限制，提供实时参考咨询的图书馆微信平台并不多，很多提供自动回复的图书馆，受格式、关键词设置等的制约，回复的正确性也有待提高。

2. 宣传力度不够，推广力不足。山东省各图书馆微信平台中关注人数和其庞大的在校生和社会民众人数相比有点微不足道，说明对微信平台的宣传力度和推广力存在不足。

（二）在图书馆中加强微信服务的建议

1. 重视微信平台建设，创建微信服务品牌。微信用户主要是中青年，而这一部分群体也是图书馆读者的主体，尤其是高校图书馆读者群。图书馆要以服务为核心理念，将微信融入图书馆服务。首先，图书馆管理者要改变

观念，接受移动互联网信息传播新方式，全力支持微信平台建设。其次，努力打造自己馆的品牌，提高关注度。第三，保障微信公众号的专有性，公众号是图书馆为读者提供服务的平台，也是图书馆形象的代表，图书馆要维护自身微信公众号平台账号的专有性，不允许其他单位或个人以图书馆名义申请，并保护读者信息安全。

2. 强化微信服务内容，提升微信服务质量。现在是一个越来越注重质量的时代，要打造好一个好的微信传播平台，必须要研究读者关注的重点和需求，了解用户阅读习惯，培养用户依赖感，所以图书馆微信账号在推送信息时要强化内容管理。首先，提高原创性，适时地融入人文、美学等理念；其次，要结合自身馆的特点，策划有吸引力的话题，激发起读者的兴趣与关注。第三，借助微信平台向用户提供生活、学习信息，比如实时交通播报、天气信息查询、图书馆内消费的微信支付等，也可与教务系统等进行对接，提供课时、考试信息的查询。

3. 发挥微信互动功能，开展即时咨询服务。微信提供了馆员和读者之间及时沟通的桥梁，对读者的咨询工作真正做到“无微不至”。首先，在合理的时间，设置微信咨询员小组，做到实时交互沟通。其次，提高自动回复准确性，提供自助服务，可提供自助回复借还日期、续借、自查书目等咨询请求。第三，语音留言咨询信息或定制自己所需信息请求，由图书馆提供主动服务。

4. 提高微信平台宣传力度，扩大关注群体。图书馆在开通微信服务的同时，必须重视其宣传推广工作，扩大关注群体才能收到预期的成果。需充分调动各方力量，采用多途径、全方位的宣传攻势。首先是线下的宣传活动，即传统的宣传手段，如利用每年的读书月活动、新生入馆教育、日常讲座等契机发放宣传单、张贴宣传栏等方式，也可以在图书馆入口、阅览桌椅上等公布账号二维码，进行立体式宣传。其次是网络宣传，利用图书馆网站、QQ群、邮件推送等途径进行宣传。第三，通过专门的推广活动，比如关注有奖、使用有奖等提高公众号的关注度

第三节 微博平台在高校图书馆中的应用

一、微博概述

（一）微博概念

微博（英语：micro-blog；又称微型博客，微博客）是一种允许用户及时更新简短文本（通常少于140字），并可以公开发布的微型博客形式[36]。用户可以通过网页、客户端软件、API第 3 方软件或插件等来收发信息、传收图片等，实现资源信息共享和传播。在中国，微博正式出现在2009年8月，新浪微博是第一家微博网站，随后，网易、腾讯、搜狐等也推出了自己的微博平台。目前影响力比较大、市场占有率较高的是新浪微博和腾讯微博。随着微博版本的不断升级，微博功能不断丰富。评论、转发、点赞、收藏、打赏等功能很大程度丰富了用户体验度。视频微博的推广也使用户之间的交流更加多元化[37]。

微博的快速发展为图书馆提供了新的交互式服务平台，图书馆可利用微博进行开发利用，开拓一个新的服务领域。

（二）微博的基本要素

微博主要包括3个基本要素：

账号类型：分为个人账号和机构账号，也可分为认证账号和非认证账号；

发布渠道：用户可通过网络平台、手机客户端和第三方软件等渠道注册、登录或访问微博；

互动模式：一是“加关注”方式，主动接收关注用户发出的微博信息；二是交流，即通过评论、转发、私信等方式进行回应和互动，交互性更强。

（三）微博应用于图书馆服务的优势

1. 微博的操作简易性。微博操作简单，低条件进入，且具有广泛的发布渠道，汇聚了强大的用户群体，为图书馆利用微博进行读者服务提供了群众基础。对图书馆而言，开通微博成本投入低、使用简单，可以在短时间内达到传递信息的目的，增加了一种新的服务方式，形成对传统服务的有力补充[38]。

2. 微博内容简洁性。微博字数要求在140字以内，内容简洁明了。而图书馆的一些简明通知，比如节假日开闭馆通知、讲座培训活动通知、数据库开通使用等信息，都比较适合利用微博进行推送，也可以直接推送网页链接或转发其他图书馆或行业个人微博信息共享给本馆读者。这种精简的微博信息内容更能引起读者的关注和阅读兴趣，达到更好的宣传目的。

3. 微博即时互动性。读者可以通过关注图书馆微博，任何时间、地点，对感兴趣的话题做出回复和评论，也可以向在线馆员提出咨询问题，在线馆员可快速解答。微博平台的交流内容是完全公开的，任何用户都可以随时查看评论。这种即时互动性为图书馆和读者搭建了一个快速高效的互动交流平台，提高图书馆参考咨询服务质量和效果。

二、微博在图书馆中的应用

国内微博平台主要以新浪、搜狐、腾讯微博为主。2009年有部分高校图书馆开始在商业微博平台上注册账号，开通图书馆微博服务。2011年是微博用户增长最多最快的一年，注册微博账号的图书馆也越来越多，比较有名的图书馆微博有清华大学图书馆、复旦大学图书馆、武汉大学图书馆等，这些图书馆微博账号的粉丝数量都达到了一万人以上。现在对山东省省属高校图书馆开通的微博的情况进行统计分析。主要以新浪微博为主（截止到2021年8月）。

通过新浪微博的搜索栏“搜人”功能，利用高级检索，地点限定山东省，输入“图书馆”关键词，检索结果达到了400多条，通过筛选，山东省内41所省属高校图书馆中有10家开通了微博账号，其中有2家内容禁止访问，不在研究之列，即正式开展微博服务的8家，开通微博服务的占20. 9%，比例偏低。

（一）微博账号与认证分析

山东省省属高校图书馆开通微博情况（无排名）如下：

表5. 山东省地方高校图书馆开通微博情况（无排名）

图书馆微博名称	认证信息	头像	简介信息	第一次发布微博时间	最近一次发布微博时间	发布微博数量	粉丝数量	关注数
滨州医学院图书馆	滨州医学院图书馆官方微博		滨州医学院图书馆官方微博	2016. 3. 14	2021. 1. 22	14	93	34
济南大学图书馆官方微博	济南大学图书馆官方微博		快乐服务	2011. 9. 29	2021. 4. 6	540	9111	118
青岛农业大学图书馆	青岛农业大学图书馆官方微博		青岛农业大学图书馆官方微博	2013. 11. 1	2021. 5. 24	711	957	288
曲阜师范大学图书馆	曲阜师范大学图书馆官方微博		无	2016. 9. 20	2021. 5. 22	1519	976	264
山东工商学院图书馆	山东工商学院图书馆官方微博		无	2013. 9. 6	2018. 8. 26	305	595	53
山东交通学院图书馆	山东交通学院图书馆官方微博		无	2012. 3. 8	2021. 4. 20	718	1757	258

图书馆微博名称	认证信息	头像	简介信息	第一次发布微博时间	最近一次发布微博时间	发布微博数量	粉丝数量	关注数
山东农业大学图书馆	山东农业大学图书馆官方微博	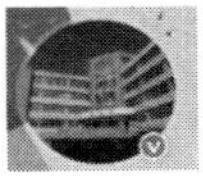	发布与山东农业大学图书馆相关的资源、服务、培训、活动、技术、咨询、教育等信息	2013. 11. 8	2021. 7. 31	1672	2454	91
山东师大图书馆	山东师范大学图书馆官方微博		山东师范大学图书馆官方微博	2011. 11. 15	2021. 3. 4	2610	8916	524

开通微博服务的8所地方高校，有7所高校图书馆微博账号以“大学名称+图书馆”构成，这种名称方式完整明了，便于他人搜索到。山东师范大学图书馆用了缩写的学校名称加图书馆构成，这种名称方式简洁方便，但为了能准确地被搜索到，需要在简介或个人信息中进行说明。全部高校图书馆微博都通过了认证，在头像右侧会显示一个蓝色的“V”字。通过认证，增强微博账号的真实可靠性，同时会获得认证用户的特权，比如：搜索优先显示权、名人堂使用权、未登录用户可查看发言权等。

（二）微博头像情况

微博头像是微博账号最为直观的外观显示。开通服务的图书馆微博头像可以分为三类：第一类：图书馆建筑照片做微博账号头像，例如：济南大学图书馆、曲阜师范大学图书馆、山东工商学院图书馆、山东交通学院图书馆、山东农业大学图书馆。以图书馆建筑做头像，直观展现了图书馆的外貌特征，具有较强的真实感。第二类：图书馆馆徽做微博账号头像，例如滨州医学院图书馆、青岛农业大学图书馆。馆徽能表达出图书馆的特色和图书馆内涵内容，既有真实性，又展示本馆的独特性。第三类：特定图片的个性化头像，例如山东师范大学图书馆，用一个繁体的“书”字为头像，既表达了图书馆的本质，又显得较为独特、活泼轻松。

（三）微博简介情况

从调查表中可以看出，高校图书馆微博的简介内容分为三种方式：第一种为简单说明型，用一句简单的话语介绍微博账号，例如滨州医学院图书馆微博账号的简介信息为“滨州医学院图书馆官方微博”、青岛农业大学图书馆微博账号的简介为“青岛农业大学图书馆官方微博”、山东师范大学图书馆微博账号简介为“山东师范大学图书馆官方微博”。这种简介简明扼要，概括性强，但内容较为单一。第二种为宣传告知型，在简介中说明图书馆的服务内容或相关部门的联系方式，例如山东农业大学图书馆微博账号简介为“发布与山东农业大学图书馆相关的资源、服务、培训、活动、技术、咨询、教育等信息”。这种简介内容较为丰富，信息量大。第三种为宣传口号型，表达图书馆的服务意愿等，例如：济南大学图书馆微博账号的简介为“快乐服务”，这种简介活泼生动，简洁轻松。

（四）微博开通时间

山东省省属高校图书馆开通微博服务最早的开通于2011年，为山东师范大学官方微博和济南大学图书馆官方微博，占8家正式开通微博服务的图书馆的25%。2012年开通的有山东交通学院图书馆官方微博1家，占12. 5%，2013年开通的有青岛农业大学图书馆官方微博、山东工商学院图书馆官方微博、山东农业大学图书馆官方微博3家，占37. 5%，2016年开通的有滨州医学院图书馆官方微博、曲阜师范大学图书馆官方微博2家，占25%，总体属于一个平稳发展的趋势。

（五）微博发布数量

微博发布数量一定程度上体现了微博内容的丰富性。样本中发布微博总数超过 2000 条的图书馆有1所，为山东师范大学图书馆（2610条）占开通总数的12. 5%。1000条以下的有5 所，比例达到了62. 5%。有的图书馆开通微博时间较早，但运营时间很短，发布的微博数量也很少。比如滨州医学院图书馆官方微博，运营时间5年，只发布了14条微博，说明服务开通的并不完善。

（六）微博粉丝数

微博的粉丝数量一定程度上体现了微博的吸引力。一般受微博的发布数量和更新频率的影响。发布数量越多、更新频率越高，微博吸引力增强，粉丝数量相对越多。样本中，粉丝数超过5000的有2家，济南大学图书馆官方微博和山东师范大学图书馆官方微博，占开通总数的12. 5%，济南大学图书馆达到了9000多个，为最多。少于100个也有1家，为滨州医学院图书馆官方微博，发布的微博数量也在100条以下。

（七）微博关注数

微博关注数指微博关注其他微博的数量。能够体现微博主动获取信息的能力，关注的数量越多，从中获取的信息也就越多。样本中，关注数超过500的有1个图书馆，占总数的12. 5%，为山东师范大学图书馆，关注数达到了524个。关注数100个以下的有3个图书馆，占总数的37. 5%，最少的滨州医学院图书馆，关注了34个微博。

图书馆微博关注的微博主要有以下几种：一是本校其他相关机构或组织开设的微博，例如山东师范大学关注的山师大E族部落、山师大管科学院等；二是其他馆同行的微博；三是一些名人、专家和媒体微博，如山东省图书馆官方微博关注的“央视新闻”“乐嘉”等。关注这些微博，不仅可以更好地接近和了解用户、其他同行馆和社会业界的动态与热点，也有利于本馆发布信息的更好地传播，借鉴同行经验，提高本馆微博质量。

（八）博文转发数量和评论数量

通过对样本的分析统计，转发评论量比较高的博文大多为新闻公告类话题，比如开闭馆通知、讲座培训信息、数据库开通信息等，说明微博能够很好的推送新闻信息，到达宣传沟通的目的。

三、微博在图书馆开展服务内容分析

微博作为图书馆微服务的一个平台，具有推送、互助等功能。微博服务丰富了服务内容，增强了服务的便捷性，使图书馆传统服务得到了更好的延伸和发展，使图书馆的服务功能得到了更好的发挥。通过对山东省地方高校图书馆微博账号的内容统计分析，在内容上分类可分为以下几个类型：通知新闻类、书目推荐类、资源推广类、互动交流类、文化普及类、生活娱乐类。

（一）通知新闻类

此类在微博数量中占最大比例。包含新闻报道、开闭馆通知、学术报告、讲座信息、招募活动、政策制度宣传、业界动态等。

第一类：图书馆通知：通常是对读者使用图书馆服务有较大影响的重要信息发布，例如假期期间的开闭馆时间安排、阅览室开放安排、图书馆设施变动情况等。

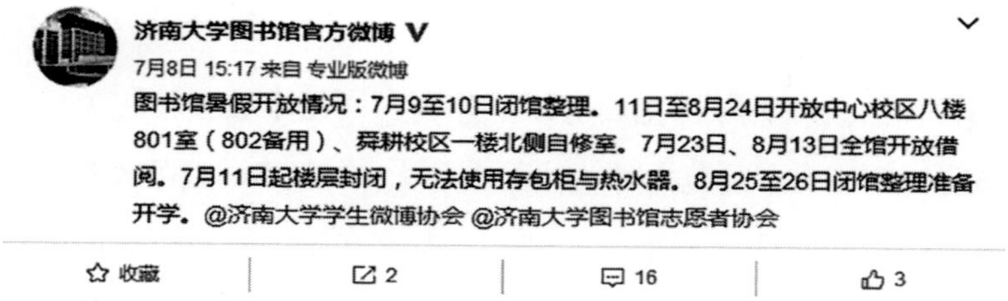

第二类：新闻报道类：图书馆发生的事件、新闻等。

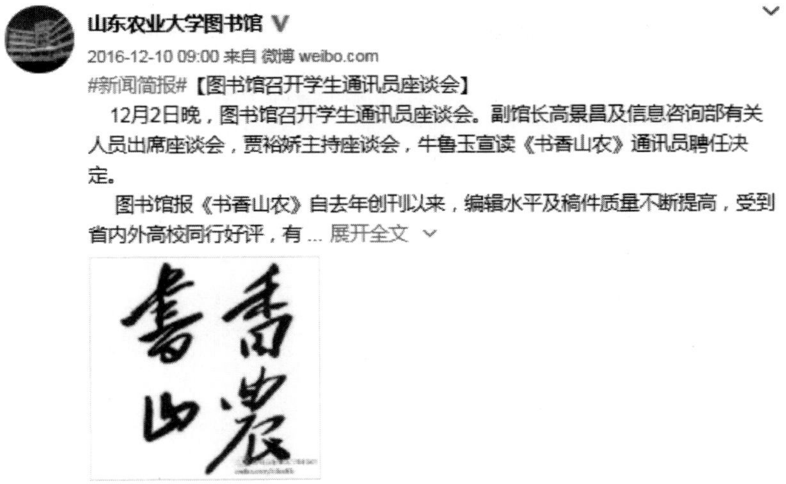

山东农业大学图书馆
2016-12-10 09:00 来自 微博 weibo.com
#新闻简报#【图书馆召开学生通讯员座谈会】
12月2日晚，图书馆召开学生通讯员座谈会。副馆长高景昌及信息咨询部有关人员出席座谈会，贾裕娇主持座谈会，牛鲁玉宣读《书香山农》通讯员聘任决定。
图书馆报《书香山农》自去年创刊以来，编辑水平及稿件质量不断提高，受到省内外高校同行好评，有 ... 展开全文

第三类：讲座通知：图书馆一般都会开展大量的讲座活动，比如电子资源的使用培训、毕业论文资料查询、论文提交平台的使用等，这些讲座通知由微博统一发布，方便读者及时获取信息。例如：

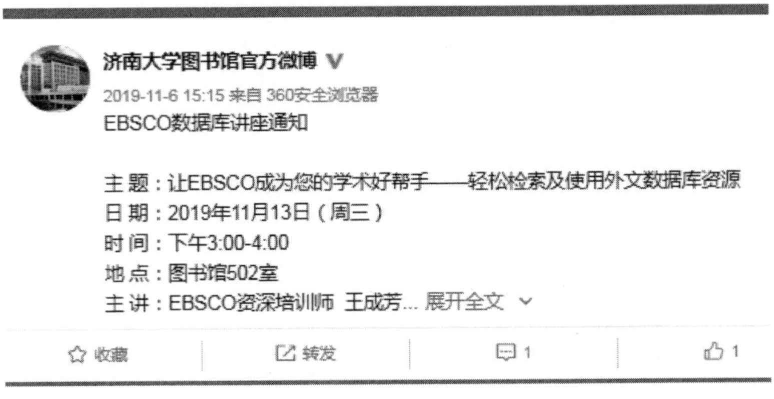

济南大学图书馆官方微博
2019-11-6 15:15 来自 360安全浏览器
EBSCO数据库讲座通知

主 题：让EBSCO成为您的学术好帮手——轻松检索及使用外文数据库资源
日 期：2019年11月13日（周三）
时 间：下午3:00-4:00
地 点：图书馆502室
主 讲：EBSCO资深培训师 王成芳... 展开全文

收藏 转发 1 1

（二）书目推荐类

主要为新书通报、图书借阅排行榜、热门图书、微书评、经典书目推荐等。

山东农业大学图书馆
10月18日 11:18 来自 微博 weibo.com
#新书推荐#
2016088批新书上架，请同学们到新书展架借阅（后附索书号、馆藏链接）
1.中国科学技术通史.Ⅱ,经天纬地 N092/J441/2 网页链接
2.画说百年上海滩 K295.1/H364 网页链接
3.中国常见植物野外识别手册,荒漠册,Desert Q948.52-62/M137.4 网页链接
4.发现中国:... 展开全文

第一类为图书推荐，非图书馆馆藏，为新出版或具有较高阅读价值的书，推荐给读者，增加读者阅读范围。一般会选取“图书封面照片+图书简介或书中精彩的片段”进行宣传推介。例如：

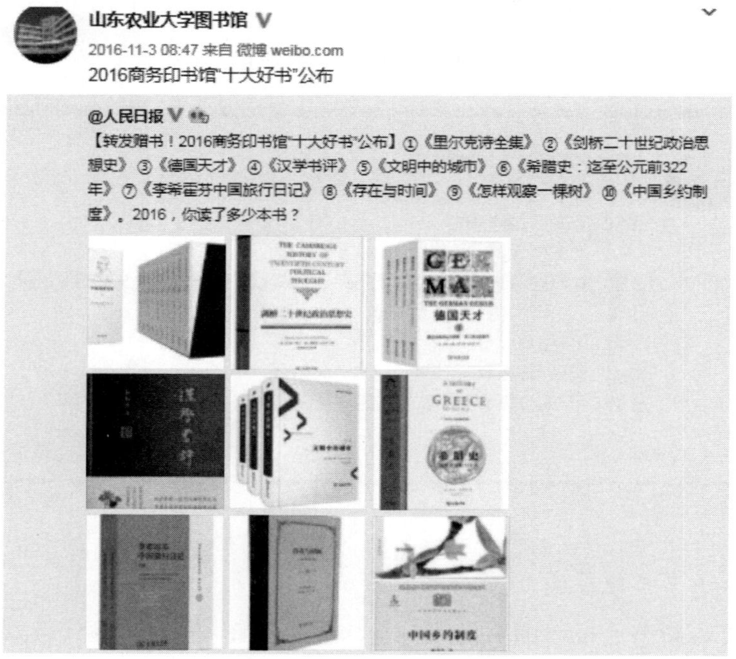

第二类为新书推荐和馆藏推荐，为图书馆新到馆图书，选取有代表性的图书进行宣传推广，提高馆藏利用率。一般会利用“图书封面照片+图书简介”或“书中精彩片段+馆藏查询网址”进行宣传，有时候会加上一句口语化的宣传广告语吸引读者。例如：

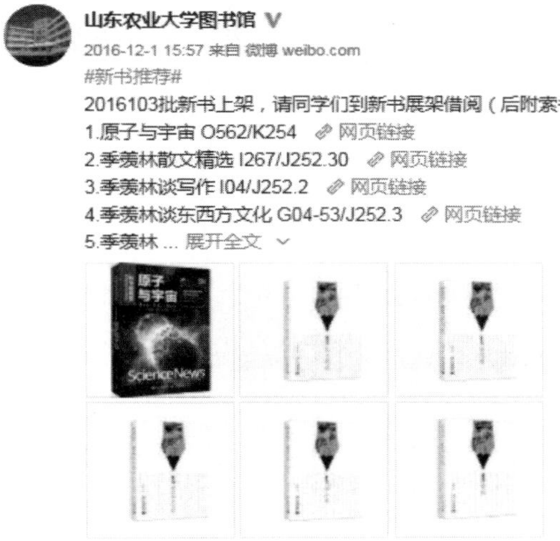

山东农业大学图书馆微博账号推荐了《非暴力沟通. 情绪篇》，给出了书的内容简介和馆藏信息。

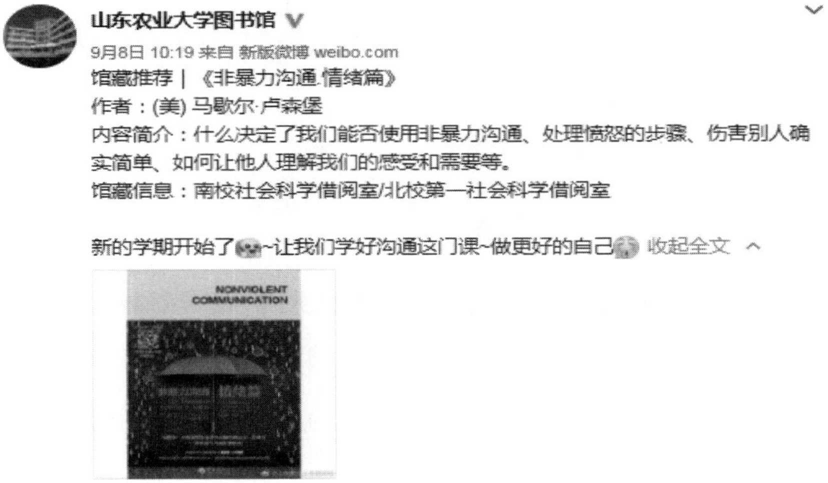

第三类为读者推荐，读者推荐的有阅读价值的图书，图书馆馆藏不一定有。读者通过@图书馆微博账号进行推荐，图书馆根据实际情况进行回复并处理，进行馆藏的推荐或者进行采购。通过此种方式可以提高图书馆的影响度。

（三）资源服务推广类

主要是数字资源推荐、服务介绍、导航推荐、学科资源推荐、有关宣传推广活动宣传等。

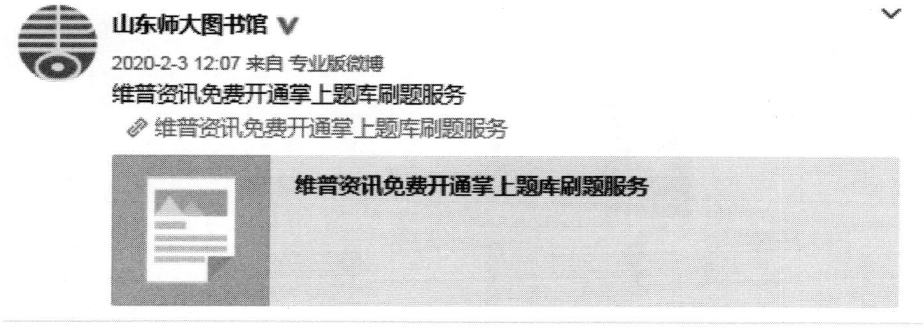

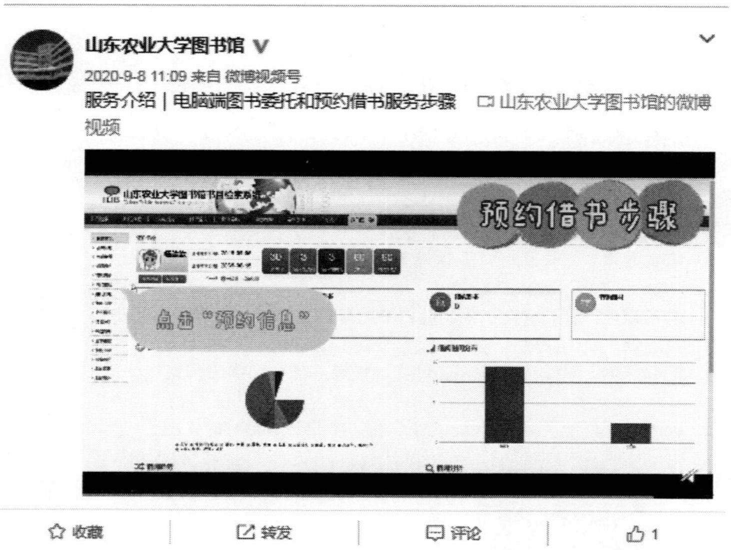

山东农业大学图书馆推出了服务介绍系列，用视频形式介绍本馆特色服务。

（四）互动交流类

通过微博的回复、评论、转发、链接等形式，图书馆员可与读者进行互动沟通，这也是图书馆微博的重要功能之一。通过这种互动，可以锻炼读者的发散思维和认识能力，多角度地对信息进行思考；图书馆可及时了解读者的阅读需求和阅读倾向，洞察读者阅读心理和阅读诉求，提供相应性服务。增加图书馆服务的亲和力，也能针对性提高馆藏质量，提高读者满意度。

通过微博进行互动交流的方式有三种，第一种是通过微博即时的聊天窗口和馆员进行实时交流，但受限于馆员的在线状态，决定是否能进行即时沟通。第二种通过微博留言窗口进行留言，图书馆回复的方式进行。第三种读者有问题时@图书馆微博账号，图书馆收到被@的提示信息，回复读者问题。

读者的交流信息有以下几类：

第一类为问题咨询，读者在使用图书馆过程中遇到的问题，如电子资源不能下载、检索不到所需馆藏书等。

第二类为读者需求，读者在使用图书馆过程中，对图书馆软硬件的问题反映或需求建议。

第三类为日常感悟，读者发布内容并非是使用图书馆过程中的问题，而是日常生活中与图书馆有关联的事物引发的感触感悟，想与图书馆进行分享而@图书馆，与图书馆进行沟通交流。

（五）活动播报类

可以利用图书馆微薄的影响力，发布推广学校或图书馆开展的各类活动信息。首先可以进行活动前期的播报，包含活动内容、时间、形式、奖励等等活动信息，使图书馆了解活动情况，确定参加情况。此类信息的发布时间非常关键，太早的话可能会随着是微博内容得更新减少关注度，太晚会影响传播力度和广度，因此需要一个即时又不过早的时间点来进行发布宣传。其次是活动中的实时播报，发布活动进展图片或小视频，使更多人了解活动情况。最后可以进行活动后播报，一般对活动进行活动情况总结和通报以及感想等，或者对获奖情况进行公示宣传告知，使读者及时获取奖品。

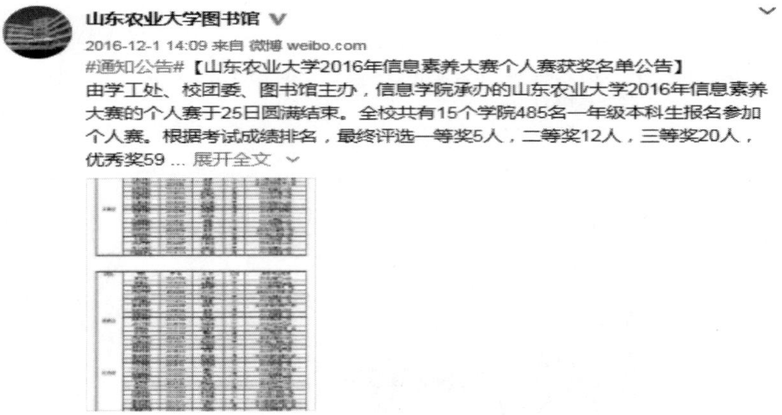

我校的知网知识竞赛开始了，快快参加领奖品啊 @济南大学学生微博协会 @济南大学图书馆志愿者协会

山东农业大学图书馆
2016-12-1 14:09 来自 微博 weibo.com
#通知公告#【山东农业大学2016年信息素养大赛个人赛获奖名单公告】
由学工处、校团委、图书馆主办，信息学院承办的山东农业大学2016年信息素养大赛的个人赛于25日圆满结束。全校共有15个学院485名一年级本科生报名参加个人赛。根据考试成绩排名，最终评选一等奖5人，二等奖12人，三等奖20人，优秀奖59 ... 展开全文

（六）文化普及类

开展文化教育是图书馆的基本职能之一。图书馆微博可宣传名人名言、历史典故、中国传统文化、知识链接、诗歌赏析等的内容，提高读者的文化素养。

第一类新闻趣闻类，有一定获知价值的各类新鲜的资讯信息，图书馆挑选出来进行转发，开拓读者视野，增强微博氛围的生动活泼感，提升阅读兴趣。

第二类知识经验类，某些微博博主发布一些自己专业领域内的知识或经验小博文，图书馆进行转发发布，给读者获取知识经验增加了一条途径，让读者的学习变得轻松愉悦。

山东师范大学图书馆微博转发了人民网中国科学院院士袁亚湘不建议普通孩子学奥数的博文，指出奥数只是极少数孩子去学的，不适合大范围学习。

第三类语录文学类，发布一些名人语录，或名人的深度感悟，或者一些纯粹的文学摘录或优美词句，使读者产生内心的共鸣，促使读者的思考感悟，提升读者的鉴赏能力和文学素养。

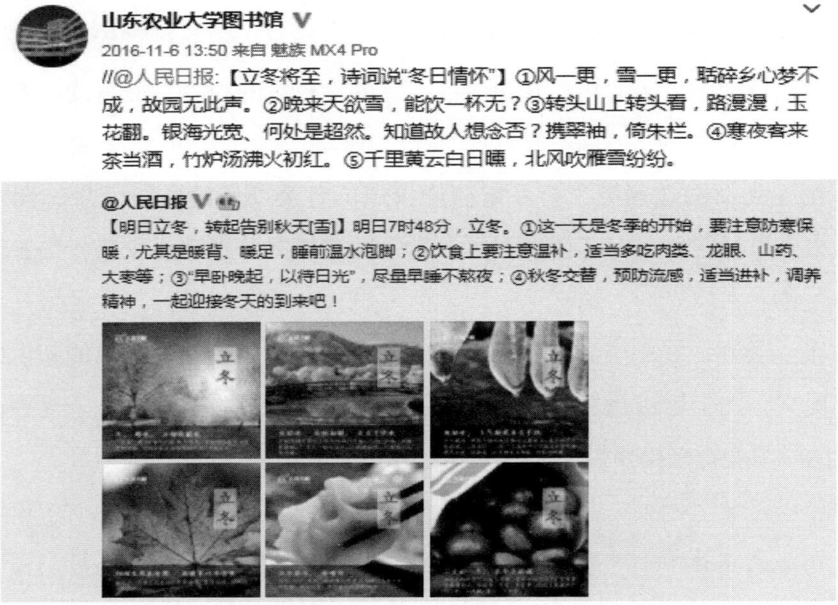

（七）生活娱乐类

为了提升微博亲和力，可推送粉丝生日祝福、天气预报、生活感悟等，使粉丝读者感受图书馆的人文关怀。

山东师范大学图书馆微博在元宵节发了一篇“我的元宵节”的小博文，温馨味道浓浓，拉近了和读者的距离。

四、图书馆开展微博服务存在的问题

（一）开通比率偏低、服务内容不完善

山东省图书馆目前开通微博账号的比率有25. 2%，开通微博的高校图书馆的粉丝数量和其在校学生相比数量微不足道，表明开通的比例偏低，关注程度严重不足，图书馆对开展微博平台服务还没有引起足够的重视。

（二）微博名称不规范，存在一馆多个微博现象

开通微博的图书馆，从微博名称上来看，命名有很大的随意性，一是采用图书馆全称，例如“山东科技大学图书馆”“山东工艺美术学院图书馆”等；二是用采用图书馆名称的缩略称呼，例如山东师范大学图书馆的官方微博为“山东师大图书馆”；三是采用图书馆馆名称呼，例如山财大鸟巢图书馆官博。四是采用图书馆品牌服务名称，例如济宁学院的微博名称为“子曰–真人图书馆”。不同的名称，导致用户在进行用户查找时容易遗漏，有时候不好判断是否是官方正式微博。有的图书馆存在多个微博账号的现象，比如搜索山东师范大学图书馆存在“山东师大图书馆”“山东师范大学图书馆”“山东师大真人图书馆”三个账号，只能进一步确认哪一个才是真正的官方微博。

（三）发布形式单一、内容更新不及时

时效性是微博的生命力，内容发布少，更新慢、形式单一很难吸引读者的关注，就违背了开通微博服务的初衷。例如山东政法学院图书馆校开通近一年发布20条左右的信息，且近两年都没有做过更新，说明微博服务不被重视，没有专门人员负责，且后期微博服务已被逐渐忽略。

（四）微博功能利用少，缺乏粉丝互动

图书馆微博不像QQ群或微信群那样活跃，同行之间和粉丝之间，相互关注比较多，互动相对较少，不是很注重微博发布以后的评论和信息反馈。特

别是有一些比较吸引网友的精彩点评，直接影响了微博信息的传播度、读者的参与度和微博的影响力。

五、微博与微信在图书馆服务推广中的区别及整合

相比传统服务，微信服务和微博服务都有着很大的传播优势，且应用越来越广泛，充分利用好他们之间的功能区别，才能建设好一个完整的微服务体系。

（一）从功能定位上看

微博是一种开放的、基于用户关系的信息分享平台，适于传达图书馆的价值和理念。所以把微博定位于动态信息的发布，更加注重宣传和推广。微信作为一种即时通信软件，工具特征比较明显，它的价值在于为用户提供一种移动接入方式，将互联网服务延伸到移动终端，并可以经过二次开发，更加侧重于实用的移动图书馆服务。

（二）从信息的推送方式及内容上看

微博更加注重发布内容的撰写，微信更关注用户需求。微博可以把图书馆的各类信息以图片、文字、视频等形式及时广播出去，用户通过关键词进行搜索查询；图书馆、粉丝、未关注用户之间都可以进行互动，开放程度相对较高，形式也比较灵活。适合发布活动通告、需求调查、评价与反馈等要求宣传范围广、需要时间短的信息。微信用户在互动时更多的是使用一对一的单独沟通，不对其他用户开放。其发布重点应该着眼于将用户群体细化分类，根据不同层次的需求，提供更加有针对性的服务，或实现一对多的培训、互助学习等服务[39]。

（三）从开发应用角度上看

微博和微信都提供了可供开发的应用程序编程接口（API）。微博 API 主要可以实现将本馆微博链接或者发起的话题讨论内嵌于图书馆主页，读者在访问图书馆主页时直接参与微博交流。而微信公众平台的接口功能菜单更加强大，通过利用微信自定义菜单功能，可以直接发布新闻报道、资源检索等

多种图书馆服务应用。同时读者可以绑定自己的账号，进行借阅情况查询、座位预约、订阅信息等。通过微信公众账号，图书馆可提供更便捷高效的主动服务。

第四节　微视频在高校图书馆中的应用

2012年，第78届国际图书馆协会和机构联合会（International Federation of Library Associations and Institutions，IFLA）大会上，清华大学图书馆微电影《爱上图书馆》获得最佳国际营销奖，微电影逐渐走入图书馆人的视线。越来越多的图书馆尝试着利用微视频这一新的网络营销方式来创新图书馆服务。

一、微视频概述

微视频即视频短片，一般短则30秒，长则不超过20分钟，它的内容涉及面非常广泛，形态也多种多样。一般涵盖微电影、纪录短片、微课视频、视频剪辑短片、广告片断、DV等，可通过普通PC、手机、DV、PAD等视频终端摄录。具有“短、快、精”、大众参与性、随时随地随意性等特点[40]。首先，智能手机的普及和网络宽带的提速发展为微视频的发展提供了大环境的支持；其次，微视频本身的特点迎合了用户的信息获取方式的需要，尤其是年轻用户的支持；第三，伴随着软硬件和多媒体技术的发展，微视频的制作越来越大众化、简单化、易操作化，一部手机或一台摄像机就能完成微视频的拍摄、制作、后期加工等，这些都推动了微视频的快速发展。

二、微视频在高校图书馆中的应用

通过对山东省地方高校图书馆网站、官方微博主页以及在优酷、腾讯、爱奇艺等视频网站的检索调查，微视频在高校图书馆中的应用可以分为以下几类：

（一）微视频在信息素养教育的应用

提高大学生信息素养水平、开展信息素养教育是图书馆重要的工作内容之一，利用微视频开展培训活动，可以充分利用读者碎片时间、提高课堂效果，很好地迎合大学阅读习惯。

1. 微视频在信息素养教育中的优势。

（1）提高授课质量，减少教师重复性劳动。教师可以在充分的精心准备之后，录制制作教学视频，并且可以对内容反复修改，对呈现效果进行后期剪辑等，确保授课视频的质量。同时，减少了教师统一课堂内容在不同班级的重复宣讲的重复劳动。上课时，不会受到教师因身体原因、情绪波动带来的授课效果的影响，提高了课堂效率和授课效果。

（2）激发学生兴趣点，提高学习效率。传统课堂容易产生教师讲授过程内容枯燥、节奏单调、学生注意力不集中的现象，而短视频的授课模式内容紧凑、形式活泼多样，能抓住学生的兴趣点，符合网络时代学生的学习习惯，保持注意力集中状态，提高学习效率。

（3）易于保存和传播，可反复观看学习。短视频短小精悍，存储空间要求比较低，易于在互联网上保存和传播，学生可随时随地下载保存，反复观看学习。图书馆可通过图书馆网站、微信公众号、微博、视频网站等途径进行广泛传播，扩大受众面，即使校外人员也可以了解学习。

（4）主题明确、学习模式多样。短视频的特点决定了它的内容必须主题明确、针对性强，一个短视频可以只介绍一个或几个知识点，教师可以针对不同院系、专业的学生，根据学科特点，设置不同的教学内容。在课堂上也可以通过线上观看、线下讨论、练习等多种方式进行教学，教师负责引导、答疑，让学生成为课堂的主体。

2. 微视频在新生入馆教育中的应用。

新生入馆教育是大学新生认识图书馆、学会利用图书馆资源、提升信息素养能力的第一课，传统的入馆教育一般采用发入馆教育学习手册、开展培训讲座、进行实地参观、答题活动等方式，一般都会面临时间紧、内容多、学生多、教师少的现象，而利用微视频可以有效地解决这一矛盾。利用微视频进行入馆教育流程基本可以分为以下几部分：

（1）确认需求信息。传统做法的新生入馆教育内容一般包含图书馆概况介绍、规章制度说明、图书馆布局介绍、馆藏纸质资源的借还、续借、预约等操作流程、数字资源的使用等。但这些大而全的介绍一下子推介给刚踏入大学校门还有些懵懂的新生，能领会的内容并不会很多，等到实际应用的时候还是会遇到各种问题。鉴于短视频的特点，首先找到新生最感兴趣的、最急需的内容。首先，每年新生入馆的时候都会遇到各种问题到咨询台进行咨询，咨询馆员可以把这些问题进行收集、分类、整理出新生需求信息。其次，图书馆可主动挖掘新生需求，例如，图书馆可以向新生发放调查问卷、现场咨询互动、图书馆网站或微信公众号上链接问卷调查等方式，收集信息。第三，鼓励新生参与到新生入馆教育短视频的制作过程，切身实地的感受短视频内容的实用性，并提出修改建议[41]。

（2）确定视频内容框架和主题。根据搜集到的需求信息，确定内容主题。原则上一个短视频应该有针对性的主题或一个知识点。内容要充分体现本馆特色，紧贴读者需求。然后对内容进行分类排序、安排整体框架。

（3）视频制作。首先制定统一的视频制作标准，比如视频的格式、分辨率、清晰度要求、大小、剪辑标准等。

其次，安排人员拍摄，可以邀请专业人员拍摄，也可以让摄影或新闻专业的学生或学生馆员助理、勤工俭学同学一同参与，在教师指导下进行拍摄、制作。制作过程本身就是一个自主学习探索的过程，解决信息检索、视频制作、拍摄技术、科学规划等问题，使学生信息技术实践能力得到锻炼和提高。既节省了经费，又提供了实践机会。

第三，内容录制。视频内容可以分为三类，一类是教师课堂实景录制，拍摄课堂上课过程；第二类是实地参观场景拍摄，把图书馆布局根据入馆流程实地拍摄，第三类是电脑或手机操作录屏，主要针对数字资源的用法等。

第四，后期制作。采用多种视频制作工具、图片处理工具、格式转换等技术，对视频进行后期编辑加工处理，一般包含图片的美化、声音处理、添加背景音乐和字幕等工作，形成完整的作品。

第五，根据主题分类建设好页面，做好网页发布链接，可以形成专用二维码。

（4）宣传推广。很多学校在新生入学通知书上就会列上入学教育内容，入馆教育是入学教育的一个重要组成部分，可以把入馆教育微视频链接网址或二维码嵌入入学教育流程，提前进行。其次，可以利用图书馆主页、微信公众号、宣传栏进行宣传，并强调入馆教育的重要性。

（5）评价与改进。入馆教育视频设置“点赞”“转发”“评价”功能，读者可以自由转发、点赞和评论。通过微视频的点击量、转发数、点赞数等可以直接了解微视频的使用情况；通过评论更能直接了解微视频的质量和在读者中的反馈意见。图书馆员通过后台可以对微视频的播放量、转发数、点赞数进行统计和算法分析，给出对视频的评价。对于评价比较高的微视频可以通过图书馆网站、微信、微博等进行大范围宣传推广，提高影响力。评价比较低的视频，进行原因分析改进。通过这种评价反馈机制，促进图书馆与读者的交流，了解读者感兴趣内容、视频内容上是否简洁明了、重点突出、视频风格是否符合大学生的审美等方面内容。

3. 微视频在培训讲座中的应用。

开展培训讲座，提升读者信息素养，是图书馆重要工作任务之一。图书馆开展培训讲座，除了入馆教育以外，一般还包括专题讲座、信息检索课程等。培训讲座活动方式比较灵活，例如开展比较多的“一小时讲座”活动，包含了馆藏纸质资源检索、电子资源检索、文献管理软件的应用、信息检索方法和技巧、论文选题指导等内容，此类活动时间、内容上有规律性和系统性，有较好的实用效果。

传统的培训讲座过程中存在着形式单一、内容设置不科学、不能吸引读者兴趣、宣传不到位等缺点。培训讲座应该突出“以读者为中心”的原则，借助各种形式和平台提高读者利用信息的能力，才能更好地帮助读者构建信息素养知识体系。图书馆员可以利用微视频的教学方式解决信息检索培训中存在的问题。利用微视频开展培训讲座的过程如下：

首先，利用微视频进行读者培训时，要在充分调研读者需求基础上，把知识点细化、专业化，形成微知识点。例如，可以先根据培训内容分成几个大类别，例如资源介绍类、检索技巧类、应用类、图书馆攻略类等，再细化到不同的数据库，形成微知识点。

其次，确定好微知识点后，图书馆员根据主题制作微视频。制作方式可以有几种方式：第一种馆员自行录制编辑：馆员根据选定的知识点，利用视频录制和编辑软件自行进行视频录制和后期编辑。第二种利用视频网络资源：目前有很多的微视频资源网站和微课程，比如爱迪科森公司的“天天微学习”网站，馆员可利用其中相关的资源进行直接利用或进行编辑。第三种利用数据库官方培训视频：有些数据库会提供官方培训视频，馆员可选取片段或主题嵌入自己的微视频培训系列。

第三、制作配套支持性资源。受时长限制，微视频所体现的内容一般都为重点内容、关键内容，还需要为微视频配套相关的补充性和支持性资源。一般包含对重点、难点的注释说明、重点词语解释、要点归纳总结、实操技巧等，也可将PPT与微视频搭配使用，更系统性完整化。

第四，视频发布。培训讲座微视频的发布渠道主要由以下几种：第一个是图书馆网站，可以把微视频根据主题分类，形成一个微视频发布网页，在图书馆网站建一个链接发布，也可以生成二维码，放置于图书馆网站显眼位置，进行发布宣传。第二个在在线学习平台发布，有的图书馆有专门的在线学习平台，除了发布微视频、PPT以外还可以组织在线考试、资源管理、评价分析等功能。第三个在微信、微博、移动图书馆发布，可以充分利用微服务的各种形式，及时地在各种平台上发布，满足读者碎片化的学习需求。

第五，做好讲座预约。目前很多图书馆培训针对不同读者量身定做，为不同学科背景的读者提供不同的培训内容。具有共性问题的培训后，还需要个性化的实操培训和交流。做好预约工作，让图书馆员充分准备，采取线上线下相结合的培训方式，取得更好的培训效果。

（二）微视频在参考咨询服务中的应用

高校图书馆目前开展了多种形式的在线咨询服务，一般包含咨询知识库、微信（群）、QQ（群）实时咨询、微博咨询、电子邮件咨询、在线表单咨询等。其中咨询知识库的建设是一个重要的方式。

图书馆员可根据平时的咨询问题，选取最普遍的的、具有代表性的问题，编辑成库，形成可检索、浏览的参考信息源。其中，可选用微视频的形式，形象直观地展现问题及答案。图书馆员可将微视频的链接页面进行宣传推广，分享给读者。读者可以在任何时间、任何地点进行检索浏览，获取解决问题的途径，同时也提高读者信息素质能力。

1. 微视频咨询知识库内容。建立微视频咨询知识库的目的就是解决读者应用图书馆的问题，咨询内容可以分为：

（1）基本服务咨询类问题：包含图书馆的借阅制度、开放时间、空间指引等，比如以下几个微主题：

第一个微主题：图书馆的基本应用知识

微知识点：图书馆有哪些库室？开放时间怎样？

图书借阅规则有哪些？

阅览室规则有哪些？

第二个微主题：如何借阅图书？

微知识点：在那里检索馆藏书目索书号及馆藏方位信息？

书库的空间布局如何？

一次性同时可以借阅几本图书？

如何办理借阅手续？

到期后如何续借？

书不在馆如何预约？

图书有损毁如何处理？

第三个微主题：如果想借的图书图书馆没有馆藏如何处理？

微知识点：如何检索一本书的全国馆藏信息？

哪个部门办理馆际互借或文献传递服务？

办理馆际互借或文献传递的流程及收费标准？

（2）数字资源使用类问题。

第一个微主题：图书馆有哪些数字资源？

微知识点：学习辅助类的数据库有哪些？考研类的数据库、四六级学习辅导类数据库、技能类考试类数据库分别有哪些？

论文写作参考类数据库那些？

阅读休闲类数据库有哪些？

外文数据库有哪些？

第二个微主题：数据库使用指南

微知识点：如何查找某个主题的数字资源？

不用校园网可以利用数据库吗？校外账号如何办理？

某个库检索后不能下载怎么办？

图书馆数据库找不到所需资源怎么办？

（3）情报咨询服务类问题。

微主题：图书馆开展哪些学科服务？

微知识点：图书馆开展哪些学科服务？学科馆员分别是谁？

如何申请科技查新服务？

如何申请论文查重服务？

如何申请查收查引服务？

2. 提供检索关键词。为了更好地对微视频咨询知识库检索利用，需要提取视频的检索关键词，传统的标注来源为分类、视频标题、字幕、摘要内容等，然后进行人工检索关键词和索引词的标注。新技术发展下的视频检索功能可以基于视频内容分析检索，检索系统对视频内容词进行语义特征分析，建立索引，然后系统对读者提交的检索词进行算法匹配，得出检索结果。

3. 微视频咨询知识库推送宣传。为了提高知识库的利用效率，图书馆员可根据不同的读者需求主体推送不同的微主题视频内容。例如，针对新生主要推送基本服务咨询类问题；针对毕业生写论文期间，可以主要推送数字资源使用类问题；而针对教师读者，可以推送学科服务咨询类问题。

（三）微视频在图书馆阅读推广中的应用

图书馆阅读推广活动是通过一系列策划、实施的对图书馆资源进行推广宣传，以提高馆藏资源利用率的活动总称[42]。有时也不仅限于对馆藏资源的推广，还包括对新书的宣传、对阅读习惯、阅读认知的宣传。微视频的形式在近几年的阅读推广活动中应用越来越广泛。阅读推广微视频内容可以分为以下几类：

1. “荐书人”推荐主题微视频。确定荐书主题，为了保证“微视频”的宣传效果，可以选择名著、热销书等确定书目，寻找合适的“荐书人”，如果能请到作者最好，也可以找有一定影响力的作家、诗人、公众人物，也可以是对书有一定影响力的书评作者、读后感作者，对书进行评价式的宣传推广。

著名阅读推广人陈爱华推荐过一本书《经典即人生》，简单介绍了书的内容，提出读这本书的方法是速读、配乐读，让孩子们在琅琅读书声中爱上古诗文爱上经典，感受诵读带来的幸福快乐，并演示了该怎么读才能让孩子们喜欢。

演员李霄云推荐书目《阿加特》，分享了书中的一个片段内容。

2. 宣传推广广告片。为了提倡人们参与阅读，很多媒体推出了阅读推广公益广告片，比如央视推出了阅读推广系列广告片，以阅读为主题，完美诠释阅读的意义，达到阅读推广的目的。白敬亭在2020年4月23日世界读书日推出宣传公益片“如果把生活比喻为创作的意境，那么阅读就像阳光——让阅读点亮我们的生活”。

“书香天府·全民阅读”推广大使系列活动，每名推广大使都会提出一句宣传语，例如著名诗人梁平提出“让阅读成为永不消减的生活习惯”；中国诗词大会第五季冠军彭敏提出“在书里遇见更好的自己”。

纪录片《但是还有书籍》以书为题材，记录了在碎片式阅读的时代背景下的形形色色的爱书人，捕捉和书有关的故事，提供了一份在快时代里的阅读指南[43]。第一集书海编舟记。编辑朱岳十几年都在努力把类似袁哲生的《寂寞的游戏》这样优秀的华语文学带到人们的视野。第二集二手书的奇幻漂流。旧香居两代人的经营，二手书藏书人、书贩和旧书店之间有妙不可言的缘分。在第三集绘本中的奇妙世界。蔡奶奶《桃花源的故事》引人入胜，熊亮的《游侠小木客》富有童心。第四集设计师的纸上王国。宁老为陈寅恪先生设计的《陈寅恪的最后20年》，其讲解让为之动容。第五集快时代的阅读指南。地铁上的读书人，读书已经融入生活。中国原来有这么多爱书人！

高校图书馆也可以借鉴此类视频，制作本馆特色的阅读推广广告片，内容表现形式要艺术化、氛围感性化，以情感人，让读者有感而发，产生情感共鸣，才能达到较好的宣传效果。

3. “书片花”微视频。书片花类似于电影的预告片，用3–5分钟的时间演绎书中的一个片段、一个故事、或一个小哲理，多方位多角度地在邮箱的时间内展现故事情节，并设下悬念，引起人们阅读原著的欲望期待。

三、微电影介绍

（一）微电影概念

微电影区别于其他微视频的主要特征是具有完整的故事情节。目前还没有统一的概念，一般把它定义为：微电影，即微型电影，指专门运用在各种新媒体平台上播放的、适合在移动状态和短时休闲状态下观看的、具完整策划和系统制作体系支持的、具有完整故事情节的“微（超短）时”（30s—300s放映）、“微（超短）周期制作（1—7天或数周）”和“微（超小）规模投资（每部几千元至数万元）”的视频（“类”电影）短片[44]。

（二）微电影特点

1. 微投资。传统电影讲究的是大制作、大投入，少则几十万，多则上亿，而一部微电影可能只需要几千元、几万元。微电影制作的低门槛吸引了具有丰富创作欲望的草根阶层，从普通的摄影爱好者、大中专学生到企业的广告宣传，都可以涉猎微电影，这种大众基础让微电影产业迅速发展，占据互联网市场重要位置。

2. 微时间。首先，微电影的制作时间比较短，周期快，一般为1–7天或者数周，其次微电影自身内容时长也很短暂，一般为30秒至几分钟。

3. 微故事。生活的点滴、流行的元素、感动的细节，这些与生活贴切的点滴，都成为微电影在故事叙事上抓住的关键点。有文化、有内容，才会真正有文化价值，微电影没有传统电影恢宏的大场面，用小细节反映大艺术，成为微电影的生命。

4. 微传播。在碎片化信息为主导的微信息时代，微电影的短小适应了微时代的传播方式，网络视频网站的上传推广、微信朋友圈的宣传，都给微电影以病毒式、裂变式的传播提供了条件。

（三）图书馆微电影的特征

图书馆微电影除具有微电影以上的特征外，还有其独特的地方。

1. 服务宣传与推广是主题。图书馆微电影的主要内容就是对图书馆的宣传推广，包括图书馆的资源服务宣、图书馆厚重的历史、图书馆办馆理念宗旨、规章制度等。因此图书馆微电影讲述的都是与图书馆资源及服务有关的故事。

2. 读者和馆员成为电影的一部分。读者是图书馆微电影中的重要要素，首先图书馆微电影中的主角身份和演员以读者居多，从读者的角度出来设置内容，由读者来演绎，更能引起读者的共鸣，也使读者在拍摄过程中走近图书馆、了解图书馆，激发对图书馆的感情；其次，把馆员放入图书馆，让馆员深入到读者的视线，增加读者的亲切感。比如，北京大学图书馆110周年馆庆纪念微电影《天堂图书馆》中，馆长朱强亲自上阵饰演爷爷，讲述了祖孙两代与北京大学图书馆的不解情缘，展示了北京大学图书馆厚重的历史和独特的人文精神，交织了图书馆及其中的人们的过去与未来，令人感动、引发深思[45]。

3. 表现形式轻松活泼，风格多样。图书馆微电影采用轻松、活泼的表现形式，打造了具有亲和力的图书馆新形象。

（四）微电影在图书馆中的应用

1. 图书馆微电影的主要内容：从题材的选取上看，图书馆微电影选取的故事题材比较广泛，呈现出多样化的特征，主要有以下几个方面：展现图书馆厚重的历史和人文精神，如北京大学图书馆的“天堂图书馆”；宣传图书馆服务及资源，比如西安交通大学的“分享移动悦读，体验学术发现”的“广告图书馆”；赞颂图书馆美好类，比如广东外语外贸大学的“图书馆——成长”；幽默搞笑类，比如华中科技大学“华科武昌分校图书馆 Yes or no”等[46]。

2. 微电影在图书馆中的应用：（1）开展微培训。首先，在高校图书馆中，微视频已被广泛应用于新生入馆教育，比如北京大学图书馆、清华大学图书馆、厦门大学图书馆等。把新生入馆教育的视频短片嵌入到图书馆网站、微博、微信平台，让读者利用碎片化时间，随时随地点击学习，比传统说教更易于被大学生接受。其次，图书馆开设的信息检索课程或资源使用培训讲座等，也可录制成微视频短片，增加课堂授课效果，课上课下都能学，提高学生的学习兴趣。第三，除了读者培训，微视频还可以用于图书馆员工培训和学生助理馆员培训，通过录制、播放微视频的方式，解决了馆员培训时间不好统一的问题，也解决了现场学习效果不理想的问题。

（2）发展微宣传。通过微视频向读者进行宣传导读，不仅宣传了图书馆如何利用，对图书馆本身也是很好的宣传推广。微视频上传到优酷等视频网站，受众面非常广，不仅能吸引本单位读者，引起广大网民的关注兴趣。比如北京大学图书馆的“天堂图书馆”点击率已超过3万余次，很大程度上提高了图书馆的影响力。

（3）激发微动力。一部好的微视频能激起读者的共鸣，吸引他们的参与和互动。一些读者主动参与制作一些图书馆题材的微视频，上传到互联网上，在自娱自乐的同时，也宣传了图书馆的服务。图书馆也可以以微视频为契机，举办有影响力的微视频大赛和读者互动参与活动，让读者现身说法，胜过图书馆的千言万语。比如北京工业大学图书馆2012年举办的图书馆微电影大赛，得到了广大师生积极参与，涌现出很多优秀作品，在图书馆界引起很大反响。

第五节　微书评在高校图书馆中的应用

一、微书评介绍

（一）微书评概念

书评：是指评论或介绍书籍的文章。它以书籍为对象，分析书籍的形式和内容，结合作者自身读感和阅历，阐述作品的学术性、知识性、思想性和艺术性，在作者、读者和出版商之间搭建信息交流的渠道[47]。

微书评：相对于书评来说，它是伴随着微博的流行而产生的一种新的书评文体。它也以书籍为对象，进行介绍分析和评价，但是它的字数控制在140字以内，以言简意赅的语言对作品进行精辟的分析、阐释与评价[48]。

2010年3月，《北京晨报》开办“微书评”栏目，最早开始刊发微书评。2011年，我国首家专门刊载读者微博书评的网站——米说上线（http：//www.mishuo. cn）。该网站是一个微书评汇集整理的网络平台，成为微书评发展的标志性事件。同年，当当网、腾讯微博联合发起“2011年中国首届微书评大赛”，反响非常大，活动首日就收到微书评上万条。2011年8月，广州举办“属相羊城微博书评大赛”，短短两天，新浪微博点击量就超过40多万次。此后，微书评逐渐掀起数字阅读时代阅读互动的高潮。

（二）微书评特征

1. 微语言、内容短小。“短、精”是微书评的显著特点。利用微语言，寥寥几语即是点睛之笔，点出一本书的神韵所在。如鲁迅对《史记》的精短书评：“史家之绝唱，无韵之《离骚》”。传统书评一般很重视书的写作方式，很多时候需要逐字逐句细细斟酌，而微书评很多应用网络语言，语言自由活泼，不注重形式，更注重思想的独特性和感情的真实性，更容易拉近和读者之间的距离[49]。

2. 点评论、瞬时感受。由于受字数的限制（一般 140 字左右），微书评只能抓住一本书最精彩、自己感受最深的观点评论，来激发其他读者阅读的好奇心。是作者在读书时的真情实录，是一种瞬时感性阅读感受的抒发。

3. 受众广、参与性强。微书评创作不需要高深的知识渊源，也不需要较高的写作水平，寥寥几笔，随感而发，随时随地都可以创作发布，并通过微书评网站、微博、社区等渠道，与书友互通有无、探讨读书乐趣。

二、图书馆开展微书评的意义

（一）激发读者阅读热情

微书评寥寥数语点出一本书或文章的精髓，能吸引读者的兴趣度。通过微书评交流分享自己的阅读点滴，得到新观点、新思维的启发，享受阅读快感。这种短而精的微书评更能激起读者们尤其是缺乏自主阅读能力的少儿读者的阅读热情。

（二）帮助读者树立正确的阅读观

优秀的微书评，能培养读者的审美眼光与批判意识，还能帮助读者正确认识图书，了解图书的核心内容、价值及书评作者的感悟，从而拓展读者阅读视野，引导读者思维，帮助读者树立正确的阅读观[50]。

（三）微书评促使图书馆文献资源采购更有针对性

每年出版的图书信息是海量的，图书馆采编人员如何利用有限的经费，从海量信息中选出最适合读者的书，满足读者的需求，是其最基本的任务。微书评是读者的读书心得和阅读体验。采编人员可以通过微书评信息，来辨别图书的优劣和在读者中的反映，微书评在读者和采编人员之间架起了沟通的桥梁，增加了资源被正确选择的概率，减少了文献信息收集的盲目性。

三、图书馆利用微书评开展服务营销模式

微书评的利用模式一般为：借由平台采集、梳理整合、分级归类，对质量较高的书评进行宣传推广，借此达到阅读推广的目的。开展微书评的平台有多种，比较常见的是微博、留言板、网页跟帖留言、线下留言本、电子邮箱等。推广模式有以下几种：

（一）大赛模式

组织策划灵活多样的图书微书评大赛活动，比如同济大学举办的“济品悦读”微书评大赛，首都师范大学的“品书评句 悟道抒怀”微书评大赛，江苏理工学院图书馆举办的读书节系列活动之经典赏析微书评大赛等，涌现出很多优秀的微书评作品，也掀起读经典、评经典的热潮。

（二）微博模式

建立图书馆微博经典微书评群，构建一个读、荐、评的平台。在微博上利用微书评的方式推荐有学术价值和信息价值的经典书目，吸引书评专家、作家和学者等的参与，与读者交流阅读心得体会，探讨读书心得等[51]。

（三）微信模式

图书馆可把关注图书馆微信公众账号的读者粉丝群进行分组管理，利用微信的群聊功能，建立馆员和读者之间的经典阅读沟通群，组建有相同阅读兴趣的读者群，开展相关经典的阅读体会交流与讨论，进行经典阅读的推广。

（四）团队模式

图书馆需充分利用图书馆的人才优势，由资深馆员和优秀读者组成专业的微书评阅读推广团队，首先他们是微书评写作的主力军，其次他们是微书评的推广者和宣传者。需充分调动他们的写作积极性，培养服务推广意识，加强技术建设，鼓励成员献计献策，集合团队智慧为读者服务。

（五）共享模式

每个图书馆的微书评资源是有限的，可以构建图书馆微书评数据库，加强各个图书馆之间微书评阅读推广服务的合作，实现优势互补和资源共享，

为读者提供经典阅读的优质导航。也可以联合各大媒体和读书网站，扩大微书评推广阵地，打造全民共享的微书评展示、宣传、推广平台，实现经典阅读微书评资源共建共享。

（六）数据库模式

把经过筛选的、质量较高的微书评进行编辑加工，以数据库的形式保存。数据库一般会有检索、下载、评论等功能。把微书评数据库对读者开放检索下载。通过对读者的检索下载操作的统计分析，可以挖掘读者的阅读兴趣和习惯，从而可以为图书馆员提供个性化服务提供参考依据。

微书评是图书馆经典阅读推广服务领域一道亮丽的风景线，也是图书馆与时俱进创新服务的探索，是图书馆服务更加人性化、个性化的具体体现。

四、微书评在图书馆应用过程中的问题

（一）缺乏完善的微书评服务管理平台

目前，高校图书馆开展微书评服务的平台一般都为借助微博、微信公众号、线下留言等平台。存在着内容重复交叉、宣传力度不高、管理者职责权限不明、读者发表随意等现象，用户体验度不高，感觉图书馆服务体系不完善，使读者逐渐减少了对微书评服务的关注度。其次，对微书评的管理缺乏平台技术管理。通过微博、微信平台发布的微书评，在后期管理、组织、统计、检索下载上都有很大的缺陷。

（二）微书评质量参差不齐、差别较大

微书评服务模式可以让读者畅所欲言发表自己的观点，互动性强，影响面大。但由于准入门槛较低，微书评的质量、观点不好控制，使得微书评的质量参差不齐。质量高的书评能引起读者共鸣、激励正能量，吸引更多的读者参与其中，发表自己的阅读体验。质量低、观点偏狭的书评可能会引起负能量，一定程度上降低图书馆服务形象。这就需要微书评服务的主体——图书馆员做好把关，注重书评的导向功能，筛选出没有信息价值，甚至负面消极的书评进行删除或改进处理；加以宣传推广那些优秀的、能带给读者触动

的正能量的书评。

（三）缺乏后续反馈和管理环节

很多图书馆组织策划微书评活动，比较注重活动搜集过程，对后续的评价、反馈管理环节处理比较薄弱，对书评的导读功能的挖掘不够，缺乏对书评的分析统计和管理。

五、图书馆开展微书评服务影响因素

（一）社会环境因素影响

任何事物的产生、发展都受社会大环境的影响，微媒体的飞速发展推进了微书评的发展，同时，也会受到政策制度、经济发展状况等的影响。从经费支持、舆论导向都应该加大对图书馆阅读推广活动的支持力度，引导其健康发展。

（二）管理制度因素影响

健全完善的微书评服务管理制度可以确保微书评服务工作过程合理合法、规范标准，是微书评服务健康有序发展的重要保障。但从目前的发展来看，很多图书馆都缺乏相应的管理制度，导致工作过程中职责不明确、责任推诿、效率低下，即使有的馆有一定的规则规定，也存在着规划不周、形式落后等弊端，大大影响了微书评服务工作的开展。

（三）人员主体因素影响

微书评服务的主体——图书馆员的素养水平直接影响着微书评服务质量，首先图书馆员必须具备活动的组织策划能力、专业技术能力、一定的阅读欣赏水平，才能为读者进行讲解宣传、点评推介，发挥微书评的导读功能。其次参与微书评撰写主体、信息采集主体也直接影响微书评服务质量。

（四）技术发展因素影响

受社会、技术因素发展的局限，目前的微书评一般在微博、微信平台等第三方平台开展，还没有功能完善、统一专用的微书评服务APP，减少了服务开展的话语权和灵活度。

六、图书馆开展微书评服务对策

（一）构建微书评管理平台

为了确保微书评服务的针对性开展，构建相应的微书评管理平台，提供评论、收藏、检索、下载等功能。读者进入平台后，可以根据自己的喜好制定个性化的书友圈，和权威专家、渊博学者、知名作者进行互动交流。同时，平台具有共享功能，构建微书评资源共享数据库，和全国其他高校图书馆、社会团体进行资源互通共享，形成沟通便捷、互惠互利、共同学习的局面，促进全民阅读的发展。其次，针对专业性和实践性比较强的图书，可以辅以微视频、微课堂进行讲解解读，扩大交流面。第三，完善微书评数据库导航服务功能，图书馆员从多个平台采集来自专家学者、读者以及图书馆员的发表的微书评，选取其中信息价值高、质量高的微书评进行梳理、整合、分类，建立导航，方便读者查询使用。

（二）完善微书评服务管理制度

首先，针对图书馆员要完善针对性的管理制度，约束相关人员的工作行为，规范工作流程。对微书评的检索、文献利用、资源分类、统计分析等制定工作标准。同时对工作人员建立合理的考核绩效标准，完善激励机制，保持其工作热情，提供高效服务。其次，建立微书评反馈机制，提供多元化的反馈渠道，包含文字、图片、视频等都多种形式，对于微书评平台需配备内容完善、流程合理的反馈机制，对服务形成闭环管理，确保读者的问题、建议得到及时的反应和反馈。

（三）提升图书馆员和读者阅读素养

图书馆可以整合高校、社会团体、民间阅读机构等资源，或邀请阅读领域的专家学者到图书馆为馆员和读者进行阅读素养方面的讲座或座谈，提升全民的阅读鉴赏能力和书评撰写水平。同时加强对图书馆员的技术管理方面的培训，提升技术水平，完善对微书评的统一管理。

七、德州学院图书馆“书评或读书感想”活动书评精选

自2019年，德州学院图书馆在每年的读书月系列活动中，都会开展“书评或读书有感”活动，下面为其中的书评或读书感想精选：

1. 西游正史/司马路. —浙江大学出版社，2017. —288页. —ISBN978-7-308-16521-1：CNY42. 00

主题词：《西游记》研究

书评或感想：

想必一说起《西游记》，大家都是非常熟悉的，它为我国的四大经典之一，从小屏幕上的唐僧四人的故事便陪着我们长大。里面有神通广大，桀骜不驯的齐天大圣孙悟空，也有胆小怕事，懒惰念吃的猪八戒和老实忠厚的沙和尚等。这些角色已经深深地印在我们的心里。那你们可知道他们创造时的真实的原形是个什么样子的呢？

而在这本《西游正史》中则向你展示出了真实，不一样的西游，它或许并不如我们所认知的《四游记》里的那么华丽，神秘。

在这本《西游正史》中，它向我揭开了《西游记》神秘的面纱，将它最原始的一面展现在我面前，让我从另外的角度认识了“西游记”的来源，正如在一个人眼中就有一千个哈姆雷特，我也认为每个人看到的“西游”都是不一样的，我们从这个正史中看到的和“神话版西游”也是不同的。

《西游正史》这本书让我更加地了解了《西游记》，虽然里面的有些地方和我们想象的不大一样，但它依然不会影响《西游记》在我心里的形象。

（纺织服装学院 服装设计与工程专业 李灿）

2. 晚安，我亲爱的孤独/午歌著. —南昌：百花洲文艺出版社，2015. 10. —259页：21CM. —ISBN978-7-5500-1549-4

主题词：短篇小说-小说集-中国-当代

书评或感想：

《晚安，我亲爱的孤独》里面写的故事关于失去，关于陪伴，在夜里细细品谈，总能抓住那么一些打动内人的文字，虽不能如奶茶般入肺腑，却如

一双手，常常触动内心的某一根弦，久久不能自已。

生命道路中充满了拐点与折线，在你猝不及防的瞬间发生意想不到的意外，当物是人非，世事曲折，留下了只有更多的遗憾与心痛，谁能淡然处之?

与其伪装自己，不如真正地做一回自己，宁可孤独，也不愿在人群中喧闹的相处，将那孤独的时刻用来磨炼自己，会怎样与自己相处，再将灵魂寄托于各种物质，将精神情感阅读，享受孤独吧!

（数学与大数据学院 2016级数学与应用数学专业 李雅男）

3. 我们都是孤独的行路人/周国平著. —长沙：湖南文艺出版社，2017. 03. —275页. —ISBN978-7-5404-7937-4

主题词：散文集-中国-当代

书评或感想：

周国平，是我国著名的学者、作家，他以散文为长，被广大读者所熟知。他的散文平淡朴实 却富含哲理。本书也不例外。

本书从多方面探索世界与生命的本源，探讨我们所处的人生与时代。从本书中，我们可以学到如何做一个有灵魂的人和如何辩证地看待这个世界、如何理性地面对这个复杂的社会。

这本书从哲学的角度解释了人文精神与人生价值。从提出世界究竟是什么、先有鸡还是先有蛋等世纪难题展开，开始探究存异之谜，继而联系我们时代与哲学以及探究我们的人生价值，一直延伸到哲学是我们永远的追问。

（数学与大数据学院 2016级数学与应用数学专业 白雪）

4. 欲望的世界 欲望与精神心理学/张振学著. —北京：中国商业出版社，2017. 05. —232页. —欲望动力心理学书系. —ISBN7-5044-9519-0：CNY39. 80

主题词：欲望

书评或感想：

欲望像什么？ 作者将欲望比喻为火，可大亦可小，只有适当的欲望之火才不会烧着你自己，烧着其他人，才能为自己烹食物，暖自身。《欲望的世

界 欲望与精神心理学》这本书借助现代量子物理学回答了关于宇宙第一推动力的领问，它从人类欲望产生的心理结构入手，阐述了人体生体生理系统与欲望系统之间所存的内在感应关系，并深刻解读了宇宙客观意志与人类主观意志侧深层演绎关系和转化原理。本书以物理学为依托，生理学为基础，以理学为导向，认知神经科学为介版，以欲望为人类推动力，构筑了个规模宏大的理论体系，演绎了人类社会精神宇宙的巨幅画卷。

5. 那些被我们辜负的人/陈纯著. — 北京：中国友谊出版公司，2016. 01. —248页：21CM. —ISBN978-7-5057-3662-7

主题词：故事-作品集-中国-当代

书评或感想：

《那些被我们辜负的人》是陈纯写的文学小说，它的文字让人非常有感悟，一字一句刻在心底。作者轻描淡写的写出一个故事，故事内容惊涛骇浪。所有属于我们的过去都被他完好地保存在文字里，等一场似曾相识的狭路相逢，作者对于那些悲伤的事情、辜负我们的人，并没有选择去悲伤，而是选择离开。他用积极的态度对待那些事值得我们学习。悲伤并不能改变什么结果，不要眷恋那些已经离形的。

（纺织服装学院 服装设计与工程专业 薛冰鑫）

6. 高智能犯罪深度调查/海剑著. —北京：新华出版社，2013. 12. —282页：24CM. —海剑非虚构新纪实系列. —ISBN978-7-5166-0714-5：CNY30. 00

主题词：高技术-刑事犯罪-案例-中国

书评或感想：

《高智能犯罪深度调查》这本书讲述了关于看似高智的人群计划一些看似完美的犯罪，可这一切犯罪伎俩总有攻破的一天。天网恢恢，疏而不漏。这让我突然想起了一个电影，里面的男主人公开始的时候想做一名警家，他的理由却让别人大吃一惊，他想通过不断破案分析来提升自己，最终来一场完美的犯罪。可是这世界上真的有“完美”的犯罪吗？就算有很多谜案、悬案，但总有一天所有案件都有真相大白的时候。

有很多人由于个人遭遇的悲惨或由于内心野心的强大或由于心理的各钟扭曲，来想方设法地走向了犯罪的不归路。可是，他们所犯的这些过错，贪污的腐败，犯罪的疯狂，都会使他们走向逃亡的末路。

危险的人群，裂变的智慧，我们需谨慎。

7. 子恺童话/丰子恺著. —北京：海豚出版社，2013. 04. —266页. —ISBN7-5110-1148-9：CNY24. 00

主题词：童话-作品集-中国-现代

书评或感想：

丰子恺，一个耳熟能详的名字。我是一个喜欢读故事的人，不管是孩童世界里的童话、抑或是成人世界里的纷繁复杂。我爱读它们却也很难在两者之间获取平衡，毕竟两个世界里的故事差别很大，一个兜兜里有五毛钱就能获得巨大满足感与一个即使资产不断成正增长仍得不到填满欲壑。所以，有时你得从儿童们的世界里找寻找美好，有时，你得在成人世界里面对现实。

有很多的童话故事其实是写给大人读的。如果说《小王子》是一本写给大人的外国童活，那么《子恺童话》则是一本写给大人的中国童话。

（纺织服装学院 服装设计与工程专业 韦梦奥）

8. 路过心上的经典 相遇，只为住进你心里/梁遇春著. —天津：天津人民出版社，2016. 12. —201页. —ISBN7-201-10908-4：CNY36. 00

主题词：散文集-中国-现代-诗集-中国-现代

书评或感想：

本书收录了梁遇春的精选散文集，共分“名生梦蝶”“醉中梦话”“迟来的西风”三部分，对其文章进行了收录。梁遇春的作品风格独特、对于短暂易逝而又绚丽的迷人的事物，比如青天，火焰，有一种理想主义者幻灭的状虑与伤感，但同时又对生治极复热爱，有一种少年锐气和率真，关往人性的矛盾与敏感，恣意任情在灵随性。

（纺织服装学院 服装设计与工程专业 陈敏）

9. 他来了请闭眼之暗粼 /丁墨著. —南昌：百花洲文艺出版社，2017. 04.

—283页. —ISBN978-7-5500-2104-4：CNY49. 80（全2册）

主题词：长篇小说-中国-当代

书评或感想：

《他来了请闭眼之暗粼》是一部悬疑言情书，如果说薄靳言是-把尘封已久的锁，沉默中写满了沧桑的故事，那简谣就是唤起他内心深处，逐渐融化他的钥匙。

这本书是继前一部之后叙写的，延续了前面推理的剧情，人物更加丰满，剧情也有提升，比如首次出现一个凶手双重人格等等，偏向言情多一点，但案情也丝毫没有落下，并且为了弥补小说的情节，往细节和伏笔部分也花了心思。

我爱你，以我全部的智慧和生命，薄靳言和简谣，最好的生活就是温柔相伴吧。

（纺织服装学院 服装设计与工程专业 于士玲）

10. 女人要懂心理学/孙京媛编著. —北京：九州出版社. —230页. —ISBN978-7-5108-0158-7：CNY33. 00

主题词：女性心理学——通俗读物

书评或感想

随着社会的发展，新时代的很多女性早已冲破了“女人只能相夫教子”的传统观念束缚，越来越多地走入职场，参与社会竞争努力实现自己的人生价值。女性有一些苦恼，她们不知道该怎样让自己周围的人喜欢自己，不知道怎么和同事、下属、领导打交道……而最终，很多女人被繁忙的工作和生活弄得身心俱疲。

本书立足于心理学理论，着眼于生活实践，通过对生活中常见心理现象以及女性在生活中常遇到的问题分析，为女性的职场生涯、恋爱婚姻、人际交往、家庭关系等方面，提供有效的心理学建议和支持，从而教会女性解读他人心理意图，学会识人辨人，收获幸福快乐!

（数学与大数据学院 数学与应用数学专业 路海燕）

11. 无爱不倾城/月满天心著. —北京：北京理工大学出版社，2016. 07. —277页：21CM. —ISBN978-7-5682-2337-9：CNY32. 00

主题词：女性-生平事迹-中国-古代-通俗读物

书评或感想：

该书还原了绝代佳人的倾心之恋、倾国之貌、倾世之才、时光不老、传奇不绝、浅尝诗词、淡品佳人。

王昭君、梅妃、班婕妤、杨玉环、赵飞燕、许穆夫人、蔡文姬、李清照、朱淑真、薛涛、关盼盼、冯小青、贺双卿等一代代才女，如同散落在各个时代长河中的珍珠宝玉，光彩熠熠，璀璨夺目。其实，我们每个人都是在命运和时代的旋涡里挣扎沉浮。沉浮就是故事，走过便是人生。这是一本写女人的书，也是一本读女人的书。

如果甄宓没有伴予曹丕身前，而与曹植一起，是不是又会成为一段历史佳话？

如果梅妃没有遇到杨玉环，如此美艳才情是否在上阳宫遭遇不测？

如果班婕妤没有遇到绝色倾城的赵飞燕，最后是否会在皇陵寂寂终老？

如果不是命途多舛，一生三嫁，蔡文姬是否会成为声名赫赫的一代文学家？

……

但人生没有那么多如果，这些才女遇到的人、经历的事，才让她们在历史上有更多的闪光点，才会流名千古。

（数学与大数据学院 数学与应用数学专业 李瑞）

12. 鬼丫头沸腾聊斋/鬼丫头著. —济南：山东文艺出版社，2011. 10. —21CM. —ISBN978-7-5329-3604-5：CNY18. 00

主题词：短篇小说-小说集-中国-当代

书评或感想：

向来喜欢读新奇灵幻的故事，今天恰巧读到了《鬼丫头沸腾聊斋》，很是喜欢，这本书是由数十篇短篇小故事组成的，纯粹编故事，手法新颖，故事主人公一会是人一会是鬼，变幻莫测，引人遐想。故事情节跌宕起伏，结构严谨，语言生动易懂。总的来说，这本书很适合学生来读，新奇的故事总是能激发我们的想象力，丰富我们的想象空间。这是一本不错的短篇小说集，值得阅读。

13. 汉宫秋. ——北京：人民美术出版社，1990. —ISBN7-102-00865-1：CNY4. 00

书评或感想：

本书以著名东剧剧本“汉官秋”为依据，描写了汉明帝时期的宫女王昭君下嫁匈奴单于，以实现汉番和亲的故事，从而表现了这一古代非凡女子的爱国主义思想及其奉献精神。本文以深刻凝练的语言，详尽刻画了一位为国家荣辱甘愿牺牲个人幸福、远离家乡的豪情女子。描绘了昭君出嫁前及出嫁到边塞的心理及生活，从侧面体现着战争的残酷及汉王室由盛转衰的悲哀，又塑造了一味阿谀逢迎的中大夫王延寿，只会“山呼万岁”的尚书五鹿充宗的形象。把匈奴的强盛骄横、汉王室的软弱衰竭同时搬上舞台。在作者看来，以皇帝以中心的朝迁正是这一场民族灾难的罪魁祸首。因特写个人命运的不幸扩大，成为描绘整个民族的屈辱苦难，使作品成为一幅具有时代特征的悲剧画卷。

（纺织服装学院 服装设计与工程 王思佳）

14. 青鸟/（比）莫里斯·梅特林克著，（比）乔治特·莱勃伦克改编；肖俊风译. —哈尔滨：哈尔滨出版社， 2002. 07. —207页：21CM. —人文经典. —ISBN7-80639-716-7：CNY19. 80

主题词：童话-比利时-现代

书评或感想：

对这本书闻名已久，今日终于把它读完，感悟良多。

书中描述了两个孩子——蒂蒂尔和米蒂尔，在圣诞节的晚上意外见到了仙女，然后按照仙女的提示去寻找青鸟的故事。在书中，蒂蒂尔是一个大胆、勇敢，有时却无理和莽撞的孩子；而米蒂尔则是天真可爱、不谙世事的儿童形象。他们与猫、狗、光、面包、水等等不同的人物形象结伴寻找幸福的青鸟。

而这本书中的青鸟，蒂蒂尔最终也没有找到它。但他说了这样一段话："如果有谁抓到了，愿意还给我们吗？我们为了幸福，非要他不可。"可以猜想鸟就是作者寓意的幸福的象征。那么为了寻找青鸟而踏上的旅途，就如同是人世间行走的路途。人人为了寻找自己的幸福而上路，途中也有可能像蒂蒂尔一样，遇见带着希望的"光"，或是充满了阴霾的"暗"，但是只要寻找，总会有希望。

（数学与大数据学院 应用统计学 李雯珂）

15. 红梅记/谢雍君编著. —北京：新华出版社，1995. 04. —158页：19CM. —新编古典戏曲名著故事丛书—ISBN7-5011-2769-7：CNY8. 80

主题词：戏剧文学-故事（地点： 中国 年代： 现代） 故事-戏剧文学（地点： 中国 年代： 现代）

书评或感想：

这本书从著名传奇剧本《红梅记》的故事为素材，从裴舜卿与卢昭容、李慧娘两位女性的曲折爱情经历为线索，穿插了南宋末年忠臣义士与贾似道的斗争，歌颂了封建社会一代有反抗精神的女性，同时也揭露了反动统治者的罪恶。

作者为谢雍君，出生于浙江省平阳县，现为中同艺术研究院研究生部戏曲史论专业研究生。她用现代的语言将这本古典剧作进行了改编，以适应当代青年读者的阅读要求。正是这本书的改编发行，使得优秀传统文化得以传承与弘扬，让这些遗产放出新的光辉。

（纺织服装学院 2018级服装设计与工程 宋委娜）

16. 独坐小品/汪曾祺著；梁由之主编. —上海：上海三联书店， 2019. 04. —274页. —汪曾祺自编文集. —ISBN7-5426-6659-8：CNY48. 00

主题词：散文集—中国—当代

书评或感想：

我爱读汪曾祺，首先当然是性情的契合。汪曾祺的文字是熟的，蒸熟的有水气，有烟火气，又很规整。他非常聪明，有才华，能写能画，会唱昆曲，懂欢剧会生活，“很有情致”。他当然知道自己有才华，所以是自负的。有文化优越感，“君有奇才我贪”，既有雅量又底气十足。优越感十足的他也是非常萌的，他也有狂气野气，任性任情的一面，他的感情非席丰富，但是他爱人，他对人充满了温度和悲悯，他很善良，他不为难自己更不为难别人，所以丰富敏感的感情没有让他愤世嫉俗，他把狂野控制在一个温存的、光明的空间里，非常安静从容。

（数学与大数据学院 2018级应用统计学 岳德馨）

17. 孤独者鲁迅/梁由之著. —上海：上海三联书店，2016. 09. —215页：22CM. —ISBN7-5426-5671-1：CNY48. 00

主题词：鲁迅（1881-1936）-评传

书评或感想：

这是一部精彩别致气足神定的传记，最初收录于《百年五牛图》，后独立成本。鲁迅作为李泽厚心目中“具有巨大思想深度的伟大文学家”，他是一个特立独行的孤独者，一名十足的另类，一位真正的超人。苦闷、寂寞、空虚的时候，鲁迅的作品有不可替代的启发性和振发作用。鲁迅是一个独立而巨大的存在。同流而不合污，能入而又能出。本书是一部精彩的鲁迅传记。

（纺织服装学院 2017级纺织工程 赵文潇）

18. 下游老人/（日）藤田孝典著；褚以炜译. —北京：中信出版社，2017. 03. —219页：大32开. —ISBN7-5086-7040-9

主题词：老年人-社会保障-研究-日本

书评或感想：

作为一个年轻人，说句实话，晚年如何、养老的问题还确实没有认真想过。在我以往的想象中，老年生活无非是含饴弄孙之余，琴棋书画、旅游休闲。然而《下游老人》把严酷的现实呈现给了我们，作者深入启发读者思想，如何避免自己落入下游老人的境地，政府、个人应如何避免，从而让民众行动起来，变革现在不合理的现状，这些建议让我们恍然大悟。

（数学与大数据学院 2018级应用统计学 孙叶）

19. 至味在人间/陈晓卿著. —桂林：广西师范大学出版社，2016. 01. —287页：19CM. —ISBN978-7-5495-7373-8

主题词：散文集-中国-当代

书评或感想：

文笔流畅，描写生动却不造作，在造句上可能不如大家，但字里行间对食物的感情却不输半分。加上作者在美食寻踪之间结合社会实况的段子，更加贴近现实生活。往往我在看书之际，会忍不住同步打开“大众点评”或者“去哪儿”默默地也为自己点上一份。一开始会觉得作者在写时有点抖小机灵，但看完后记后也释然了。

读完后，我觉得有一种幸福叫做身边有味吃货，感觉这本书里面的文章都与我的生活有关，感受相似。主要讲的美食，而美食遇不可求，追求美食的吃货更需要耐下心，好好挖掘体会，因为民间上的美食都有可能吃一次少一次了，《至味在人间》给了我深刻感受。

（数学与大数据学院 2018级应用统计学 李真）

第六节　图书馆微服务体系整合

微博、微信、微视频、微书评等都在图书馆有了广泛的应用，图书馆应把这些微服务模式进行有效的整合，建立微服务体系。

一、打造微服务主体人才团队

为了适应微服务体系的服务要求，更好地发挥各种微服务模式的优势功能，需打造一个微服务主体人才团队，这也是微服务体系发展的重要内容。团队一般由微服务团队部长、信息搜集组、信息编辑发布组、信息咨询反馈组组成。

微服务团队组长主要职责：负责团队活动总体规划、优化协调各小组工作、微服务内容审查等，保证图书馆微服务方向正确，活动有效安全。

信息搜集组：一是负责信息搜集工作，比如需要在平台发布的各种通知通告、新书推介、数字资源使用、活动安排等；二是微服务平台的统计数据分析，比如微博微信的关注人数、评论数、用户访问分析、读者咨询问题类型分析等，为平台的发展提供参考数据。

信息编辑发布组：负责对信息的编辑、发布以及个性化的信息推送等。

信息咨询反馈组：充分利用微服务模式的即时互动性功能，提供及时的在线咨询回复，指导读者快速有效的获取信息。并通过交流，获取、分析读者个性化需求，反馈到图书馆其他相关部门，促进个性化服务的开展。

二、建立微服务用户数据库

微时代，图书馆的读者已不仅仅只限于本地区的民众或本校的老师学生，而是从学校延伸到了整个社会，从一个地区拓展到了全世界。社会上所所有的的有信息需求的个体或小团体，都成为图书馆的微用户。为对读者提供针对性服务，需对读者群进行细化。首先，学校读者群可分为教师群和学生群，而教师群又可以分为研究型、教学型、教学管理型；学生读者可分为学习型和创新型。其次，针对社会读者可以根据年龄分为老年组、中青年组和少儿组等，也可以根据学科、语言、民族、需求服务目标等进行分组。每种类型的读者对信息内容的需求是不一样的。建立不同的读者群数据库，挖掘各类型的信息需求特点，进行个性化的信息推送，提供不同的微服务内容。

三、精选微服务内容

微时代大数据环境下，图书馆要根据微用户的个性化需求提供经过处理的个性化的、短小精悍的碎片信息服务，可这些微信息往往能够解决读者的燃眉之急，贴近用户之所需。这就要求为服务的主体图书馆员主动了解微用户信息需求，分析每个微用户的心理，加大对数据的深度挖掘与分析，为图书馆微用户提供精准的信息服务。

四、整合微服务方式

各个微服务方式不是孤立存在的，图书馆提供微服务时，可以进行全方位的整合服务。首先可以针对不同类型的读者群，在信息推送频率、推送时间上进行整合。利用微博、微信推送信息要适量，推送时间要恰当。每天推送的信息不宜过多，以免读者受干扰而反感，但也要保证一定的更新频率，才能吸引住读者。微博微信用户的活跃时间段也是不同的，一般晚上活跃用户最多，其次上午、下午。推送时要选在使用高频阶段，第一时间引起读者关注。其次在活动宣传报道时宣传整合，比如活动前期宣传阶段，可以通过微博把活动主题、举办时间地点、人员等信息广泛宣传，保证信息覆盖率。再通过微信把相关信息推送给不同读者群；在活动中期报道阶段，采用微博微信联动方式，进行裂变式传播和精准传播相结合；在后期总结阶段，通过微博微信平台收集读者反馈意见，总结活动经验。

全媒体环境为图书馆信息资源的传播和图书馆服务提供了更加丰富、快捷的途径，为图书馆事业的发展注入了新的活力。利用微服务体系，发挥图书馆自身资源优势，提升读者满意度，是图书馆人不懈的追求。

第四章　图书馆微服务体系组织结构层及宣传保障层

第一节　组织结构层

图书馆微服务体系组织结构层主要包含制度规范、平台管理、激励机制、组织管理等。

一、制度规范

图书馆必须建立微服务体系的制度标准和操作规范手册，让工作人员有法可依、有章可循。

完善使用手册或指南。完善《各平台使用指南》《社交媒体指导》等学习使用指导，提供必要的技术基础设施、平台和软件，便于工作人员快速上手利用平台。

制定各种操作规范和运营安全规范。利用操作规范规范工作人员的行为准则。运营安全规范包括微服务平台的硬件应用安全和信息发布安全。2014年8月，国家网信办发布《即时通信工具公众信息服务发展管理暂行规定》，提出信息内容安全的“七条底线”原则，平台运营必须在规定下合法、规范运营。

强化微服务发展管理规范。图书馆应对微服务平台的发展制定指导性发展文件和相关的管理方法，促进平台的健康稳步发展。

二、平台管理

微服务平台是微服务得以顺利开展的保障和基础，图书馆在利用平台进行服务时，要注重对平台的统一管理和平台再开发，充分利用第三方应用嵌入功能，搭建内容丰富的服务平台，提供个性化服务。例如重复利用微信用户的分组管理、微信视频号、微信直播等模块，提升用户体验度。

三、组织管理

微服务体系的组织管理是微服务体系管理系统框架，是微服务实现的组织保障。包含了微服务管理负责人员、微服务内容制作提供人员、微服务技术支持人员以及组织的激励机制。

微服务管理负责人员全面负责整个体系的目标、定位、规划、进展以及服务质量评估评价等工作；微服务内容制作提供人员负责微服务内容的确定、文字编辑、图文设计布局、排版等工作；微服务技术支持人员提供各种软硬件的维护与移动技术、网络技术的支持等工作，是微服务顺利开展的保障；同时，体系的运行必须引入激励机制，否则人员会渐渐失去动力，影响服务质量。

第二节　宣传保障层

图书馆开展微服务的同时，必须同时加大宣传力度，让更多的读者参与其中。除了宣传海报、校报、发放学生手册等这种传统的宣传方式，更应该利用微服务平台体系自身的网络宣传优势和新颖性、趣味性高的优势，调动读者的视觉感官、听觉感官，充分激发读者的参与热情。

第一，提高微服务平台关注度。图书馆可以通过组织“参与有奖”“关注有礼”“有奖知识竞赛”“发布会”等活动，提升图书馆微服务平台的关注度，增加用户数量和范围。

第二，校内多部门合作，提高微服务平台影响力。图书馆可以和学校的职能部门，比如宣传部、学生处、招生就业处、各社团协会等多联系沟通，寻求帮助和支持，促进微服务内容的多向广泛传播。

第三，利用微视频发挥微服务价值。利用信息检索课、新生入馆教育平台、阅读推广活动，把图书馆相关知识点和宣传点形成微课程或微视频，利用微服务平台或直播方式进行宣传，发挥微服务内容的最大价值。

第四，多平台形成联动效应，互相宣传。例如微信和微博平台推送内容时都在最后加上彼此的二维码，把微视频嵌入微信和微博平台等，互相进行宣传，形成联动效应。

第五章　地方高校图书馆微服务体系开展社会服务研究

随着全民阅读活动的推广和创建学习型社会的要求，社会公众对信息资源的需求有了大的提升。在教育部印发的《普通高校学校图书馆规程》里明确要求，高校图书馆在保证本校师生读者服务需求的前提下，要努力发挥自身资源优势、技术优势和专业服务优势，有序地、多形式地向社会团体、社会公众开展有偿的或无偿服务。地方高校图书馆应该顺应社会发展的需求，积极开展地方社会化服务，参与社会建设。

高校图书馆首要的任务是保证本校师生读者的科学教研服务要求，在这个前提下，高校图书馆的服务对象不仅仅局限于本校的师生群体，而是面对全体社会成员；高校图书馆要采取多种形式的服务方式对社会开放馆藏资源，尤其是现在网络普及、微服务盛行的时代，高校图书馆更应该利用便利的资源获取方式，实现馆藏资源的共建共享。

第一节　高校图书馆开展社会服务概述

一、高校图书馆开展社会服务的必要性

（一）国家政策要求

不管是教育部还是各省教育厅都明确要求和鼓励高校参与地方经济和社会文化发展，图书馆作为高校科研教育资源的汇总地，应该承担起社会服务的责任，有序地对社会开放本校的科研教育资源，并提供服务，这也是贯彻

实施高校资源对外开放的要求。

（二）社会信息资源的需求

随着知识经济和市场经济的迅猛发展，对信息需求日益增长，全民阅读的全面发展，也促进了全民对图书馆资源的需求。由于很多地方的公共图书馆的发展受地方经济文化发展的影响，馆藏量远远不能满足公民的需求，对某些企事业单位以及研究机构的信息需求更加难以满足，严重影响了社会的文化水平和民众综合素养的发展。高校图书馆必须发挥利用自身的馆藏优势和人才优势，为社会提供信息支撑和信息保障。

（三）图书馆自身发展需要

地方高校的发展依存于地方社会的发展，地方高校图书馆社会化服务的开展也会促进图书馆的发展。首先通过开展社会化服务，可以扩大自身社会影响力和知名度，通过自身的服务水平赢得社会的认可和支持。其次，通过与社会化服务，增加了与社会的沟通交流，并能在服务反馈信息中查找自身不足，增加馆员的视野和服务经验，有助于提升服务水平和服务质量。第三，可以通过部分有偿服务增加经济效益，弥足馆藏经费不足的状况。可以看出，对社会开展服务也是高校图书馆自身发展的需要。

二、高校图书馆开展社会服务的可行性

（一）资源基础

高校图书馆丰富信息资源量是高校图书馆对社会服务的基础保障。首先，高校图书馆信息资源量丰富。通过多年高校发展的资源积累，图书馆一般都拥有海量的资源，远远超出公共馆的馆藏量；其次，高校图书馆馆藏资源种类丰富，收藏了丰富的纸质文献和电子文献，包含图书、期刊、报纸、学位论文、科技报告、专利、会议、政府出版物、OA资源等各种类型；第三，资源的专业性和特色性，高校图书馆会根据学校的发展方向和专业设置来确定本馆的馆藏原则和内容，注重资源发展的专业性、完整性和延续性。很多高校建设了特色数据库发展本馆特色馆藏，这些都是别的信息机构不能

相比的。

（二）技术保障

计算机和网络的发展，使图书馆的服务由手工走向了计算机时代，微服务的发展使服务更加便捷。高校图书馆拥有先进的技术设备和技术手段，建立信息平台、提供在线服务。数字化、网络化的管理，使信息检索更快捷、准确，这些技术的发展是高校图书馆开展社会服务的保障。

（三）人才保障

高校图书馆经过多年的发展沉淀，吸引和培养了大批专业性人才。高校图书馆馆员不仅有图书馆学、情报学专业背景，还熟知掌握计算机学科、外语学科、理工课、文科等多学科基本理论和方法。在长期的工作实践中，积累了丰富的业务经验、各学科知识特点、信息检索技能、软硬件操作技能等。在面对海量信息资源时，具有检索、分析、加工等能力，让用户得到高效的检索结果。高校图书馆员能开展参考咨询服务，帮助社会公众使用检索工具、提供文献检索能力等。这些都为高校图书馆开展社会服务提供了强有力的保障。

三、高校图书馆开展社会服务内容

（一）基础的资源服务

1. 纸质文献借阅服务。纸质文献借阅是高校图书馆对社会服务中最易操作和简单直接地服务。首先，向社会读者发放借阅证。各个馆会根据自身馆的特色，有选择的或广范围无限制的办理社会读者借阅证，有的馆受馆藏和馆舍的制约，对社会读者会有一些限定，比如学历要求、单位类型要求（事业单位、科研机构、医院等）、职称、户口要求等。其次，制定针对社会读者的阅览规则，包含借阅文献的范围、期限、册数、时间等等。

2. 数字资源使用服务。目前高校图书馆都有自己的网站，上面都链接了很多购买的数据库。高校图书馆可以有选择地在保证不违反数据库采购使用协议的前提下，向社会公众开放数据库访问权。可以开通社会读者数据库使用账号，让社会读者有偿或无偿使用，其次，图书馆可以建立数字资源学科导航，收集整理相关学术资源站点链接等，给缺乏信息组织能力的社会读者提供方便。第三，网络上有很多的免费的OA资源，其中很多有比较高的学术价值，而社会读者不知道如何获取，高校图书馆可凭借自身的专业优势，收集整理这些免费的资源，作为现有馆藏资源的补充，并对社会读者开放。

3. 馆际互借和文献传递。受馆舍和经费的限制，很多图书馆馆藏无法满足读者需求，很多高校图书馆之间、高校图书馆和公共图书馆之间建立共建共享协议，建设馆际互借和文献传递管理平台，高校图书馆借此可向社会读者推行馆际互借和文献传递服务[52]。在版权许可范围内，可向社会读者提供图书部分章节、论文、报纸、标准、专利等文献的全文或部分复制或电子版，同时，打破地域位置限制，利用物流或网络提供馆际互借。

4. 移动资源服务。随着图书馆微服务的发展，移动资源越来越受到读者的青睐。由于移动资源不受时间、地点限制，更容易对社会公众开放使用。

开通移动图书馆账号，利用移动图书馆资源。

微信公众号资源、微博信息面向全社会开放。

创建学科博客，提供学科信息服务。

开展网上影视展、图片展。

5. 建设开放地方特色数据库。每个地域的发展底蕴、经济发展模式、文化发展特色等都有自己的特色，地方高校图书馆应该抓住本地域发展特色，有针对性地搜集、建设为地方服务的区域经济发展的特色资源库，并对社会公众开放，开展社会服务。增加对地方企业的有关的、经营决策、市场营销信息、农业科技发展信息、医疗卫生发展信息、本地发展文化特点、特色资源信息等。比如聊城大学图书馆建立的大运河文化专题数据库等。

6. 加强企业合作，实现资源共享。企业在决策、生产、开发、经营、销售、管理等各个环节都需要大量的信息资源，企业的竞争很多时候体现在对信息情报的掌握上，可以说信息资源会推动或制约企业的发展。但只有很少的企业会投入大量的经费建设自己的信息来源地——图书馆，购置图书、数据库等。高校图书馆可以与本地企业合作，双方实现资源共享。或者企业和高校共建，企业提供资金，补充高校图书馆馆藏，依托高校图书馆大而全的馆藏基础上，针对企业需求补充特色馆藏。

高校图书馆可利用资源和人才优势，编撰整理针对企业的科技成果通讯，提供最新的科技成果和发展前沿信息，给企业提供社会经济政策、宏观经济走势、竞争对手情报等情报服务，从而帮助企业确定发展方向、规避风险、提高竞争优势、优先抢占市场。

7. 成立地方文献研究中心，加强地方文献研究。地方文献是某一地区自然、社会现象和群体活动方式的记录。它能够从历史和现实的角度对当地的自然资源、社会结构、文化风俗等各个方面做出全面及时的反映，因此可以作为重要的情报依据，为学术科研以及政府决策提供参考。

高校图书馆建立地方文献研究中心，旨在积极有效地组织地方文献的收集活动，建成反映地域特色的文献文库，积极开展地方文献资源的交流与研究，为地方经济社会发展提供信息参考，推动文化艺术产业发展。在搜集文献类型方面包含了地方志、地方史、谱牒、论著、地方档案、地方报刊、地方丛书、地方年鉴、地方人士文集、笔记、回忆录、本地区著名书法家、画家作品以及地方人事碑志等。

（二）深层次信息服务

1. 科技查新。无论是研究机构还是个人在开展高层次的课题、项目研究之前都需要对研究的主题进行科技查新。科技查新要有专业的、有资质的查新机构负责，查新人员以专业的文献库为基础，根据委托人提供的材料，经过文献检索和情报调研，分析和审查提交项目内容的新颖性，最后形成查新报告。科研人员可以通过报告，了解同类型的课题项目目前的国内外的进展情况，避免重复前人已做的工作，还可以从报告中获得有益的启发和研究方向。高校图书馆有专业的信息检索人才，可建立科技查新工作站，面向本校科研人员、政府机关、企事业单位、社会研究机构和社会个人提供查新服务。

2. 代查代检和查收查引。代查代检指的是高校图书馆凭借自身的资源优势和人才、技术优势，接受校内外读者的委托，对特定的课题，提供文献检索服务，最后提供给读者检索结果，包括书目信息、全文、索引信息等。代查代检服务一般为有偿服务，根据课题的检索难易程度、花费时间、结果文献数量等收取费用。可以帮助读者节省时间，获取更精准的文献信息。

论文的查收查引是查询读者论文的引用情况并进行分析。很多高校或机构在判定论文质量时会让出具论文的引用情况。有资质的高校图书馆可以利用馆藏资源，通过查询SCI、EI、CPCI等国际知名检索数据库，检索分析论文被三大索引收录的情况，为读者出具客观、准确的的引用报告证明。

3. 参考咨询服务。参考咨询服务以馆藏资源服务为依据，针对读者提出的问题，咨询馆员对信息资源进行分析、优化、整合，向读者提供图书馆使用、资源检索应用、文献信息、科研动态等服务内容，最终给出专业性的参考答案。高校图书馆面向社会开展参考咨询服务，可以更加密切联系社会读者，对读者提供帮助。随着网络技术的发展，面对面的咨询交流已经越来越少，通过网络进行的实时的、互动式的在线交流已经成为主流方式。主要方式有：微信公众平台互动交流、微博互动、QQ在线互动（QQ群）、E-mail咨询、在线留言、在线知识问答平台等等。由于咨询服务的内容涉及的知识面比较广泛，包含了资源检索、科研动态、技术应用、情报决策等，这就要求咨询馆员有深厚的知识背景、一定的技术水平、良好的综合分析和信息处理能力。

4. 开展用户培训和教育。开展用户培训和教育是高校图书馆面向社会开展的重要服务内容之一。在保证做好校内培训的同时，发挥自身优势，面向社会读者开展。社会培训的知识面会和校内培训有所区别，会更加注重信息搜集、分析，对信息的预测和评估方面，可以以专题形式面向不同读者范围开展，例如针对企业用户可以开展专利情报收集分析、科技前沿动态等专题，针对政府用户注重政策分析、发展导向等情报分析专题。高校图书馆也可以开展图书馆专业人才培训，为民办高校图书馆、中小学校图书馆、企事业图书室等培养专业人才。

（三）参与地方非遗保护工作

《中华人民共和国非物质文化遗产法》中明确规定，图书馆有开展非物质文化遗产的整理、研究、学术交流和非物质文化遗产代表性项目的宣传、展示的责任和义务[53]。作为文化聚集地、创新地的高校图书馆，更应该承担起保护非遗的责任和义务。近年来，很多高校图书馆参与非遗保护活动，做了大量的工作。把非遗蕴含的传统文化引入高校校园文化建设，给非遗注入新的活力和元素，实现了双方的互赢。高校图书馆参与非遗保护工作的主要做法有以下几种：

1. 提供非遗信息服务，助力非遗申报和发展。非物质文化遗产一般都具有地域特色，而地方文献资源的收藏是高校图书馆的一大优势。高校图书馆可以利用专业的检索、馆藏优势，提供知识化深度检索服务，助力非遗的申报和发展。比如通过检索古籍、史志、数据库，查找某种非遗的历史渊源、发展过程、发展现状等，为非遗申报和发展提供资料支持。

2. 非遗数字化，构建非遗特色数据库。非遗是一个民族的文化之根、社会文明的动力，为了能让其永久保存、广泛传播，人们想尽办法。随着数字化的发展，非遗数字化而随着发展。非遗数字化就是在非遗信息采集的基础上，经过数据处理、分析、存储等环节，通过数字影像技术、3D技术、物联网技术、VR技术等，建立非遗资源数据库，形成完整的数字化体系，使得非遗信息得以保存、展示、创新和传播。

3. 利用真人图书馆活动，讲好非遗故事。真人图书馆是近几年来图书馆比较流行的阅读推广活动形式之一，提供了一种全新的、直观的阅读方式。高校图书馆可以邀请非遗的传承人、传播人，设身处地的讲述自身的非遗故事，和读者面对面交流非遗信息，传授非遗技艺，现场感受非遗的魅力和精神。

4. 利用微服务体系，做好非遗知识教育和宣传。高校图书馆利用自身的资源、空间优势，可以利用线上、线下的方式开展关于非遗知识的小课堂、微视频、研讨会等，建设非遗大师博客、创客空间，也可以邀请非遗传承人开展线上直播、开设微信非遗专题推送，利用图书馆微服务体系，做好非遗教育和宣传。

5. 开发非遗文化创意产品，开展非遗文化阅读推广。高校图书馆可以依托馆藏非遗信息资源，利用非遗素材，根据市场需求，推出独具特色的文创产品，例如有非遗元素的书签、卡通作品、玩偶等。开展以传统文化、非遗保护为主题的阅读推广活动，和文创产品相结合，多环节、多载体地对图书馆和非遗文化进行宣传推广，同时提高图书馆知名度，吸引更多的年轻读者。

6. 加强馆际跨界合作，共同做好非遗宣传、保护、创新、研究工作。高校图书馆本身有资料的馆藏优势，地区的文化馆、展览馆、博物馆都有其本身的宣传、保存、资源等优势。高校图书馆需加强和文化馆、展览馆、博物馆的馆际合作，发挥各自优势，公同本地的非遗进行保护、宣传、发展、研究创新。合作团体可以定期发布相关的论文、新闻报道、工作动态、会议报告、研究前沿等信息资料，使非保护得以产业化、学术化发展。

第二节　德州学院图书馆开展社会服务研究分析

一、德州学院图书馆馆藏资源、开通服务情况

德州学院图书馆始建于1971年，馆舍面积2万平方米。截止2020年底，拥有纸质藏书235万册、电子图书140万册、网上数据库18个、期刊5127种（含外文）、报纸41种（含外文）。图书馆收藏有《六书正讹》《弘简录》《国语》《二程全书》《韩非子》《六经图》《孔丛子》等古籍均为明清刻本，入选《山东省珍贵古籍名录》。还收藏有《四库全书》《四部丛刊》《民国丛书》《孔子研究》和英文版的《大不列颠百科全书》等大型珍典。目前设有5个流通书库、1个工具书阅览室、1个现过刊阅览室、1个报纸阅览室（考研学习室）、1个古籍阅览室、1个电子阅览室、1个自修室（考研学习室），

图书馆A座设桑恒昌文学馆，东区博文楼设博文借阅中心，共拥有阅览和自修座位2200个。可为读者提供图书、期刊的外借和阅览、参考咨询、电子阅览、文献传递、定题跟踪等多种服务。自修室周开放105小时。

图书馆确立了“读书修身，崇学明德”的馆训；确立了“以资源为基础，以读者为中心，以服务为根本，以文化为引领，以馆员为主体，建设高水平大学图书馆”的图书馆建设总原则；确立了“引启科学智慧，涵养人文精神”的文化建设总原则；确定了“仁爱、立志、博学、明德”文化建设主题。在这些理念的指导下，建设了本馆独具特色顶层设计文化、资源建设文化、读者服务文化、视听文化、绿植文化、空间装饰文化、标牌文化等。打造了融学习中心、文化中心、知识花园为一体的博文借阅中心；美化了融收藏、学习、交流为一体的古籍阅览室；建立了融展览、宣传、活动为一体的书香展厅；建立了融展览、教育、资料保存为一体的任继愈生平网上展厅；建设了集收藏、展览、学习、交流和研究为一体的公共文化教育场所——桑恒昌文学馆；建设了彰显大学文化特色和地域文化特色的博文楼文化大厅。开展了“繁露真人图书馆”“崇仁读书会”“传承经典，笔墨接力”万人抄书等活动，举办了“弘扬优秀传统文化”主题书展，在文化育人方面取得长足进步。

二、德州学院图书馆开通社会服务内容

（一）为社会读者办理借阅证，开通数字资源校外账户，提供馆藏资源借阅服务

德州学院图书馆在2000年代初就开通了校外读者服务，办理校外读者借阅证，和校内读者具有同等借阅权利，并制定了《关于对校外读者服务的规定》，详细限定了服务对象、服务内容、借阅证的办理流程等。随着馆藏数字资源的丰富和校外访问系统的完善，2016年开始，利用“校外远程访问系统”开通数字资源社会读者服务。

（二）建立地方图书馆联盟，加强地方资源共建共享服务

为实现德州区域高校之间文献资源互补、服务共享，由德州学院图书馆牵头，成立了由德州学院图书馆、山东华宇工学院图书馆、德州职业技术学院图书馆、德州科技职业学院图书馆组成的德州市高校图书馆联盟。联盟坚持“资源共建、服务共享、合作共进”的原则，秉持“实现成员馆资源共建一体化、服务共享一体化与管理合作协同化，促进德州市高校图书馆的发展”的目标，以增进互动合作，实现资源共享、协同创新、优势互补、互利共赢。联盟积极开展成员馆间的流通借阅与馆际互借服务，实现市域高校图书馆间的文献资源共享，并逐步实现通借通还；开展地方文献资源联合征集、地方文献联合目录编制工作，联合开展地方特色数据库建设；积极推动成员馆联合参考咨询工作，逐步联合开展课题跟踪、专题文献资料编辑推送等形式多样的参考咨询服务；组织开展面向成员馆馆员的职业道德与专业知识技能联合培训工作，逐步开展成员馆调研与业务辅导、协作协调工作；开展文献资源统计和读者分析工作，共享统计结果和分析研究成果，不断提高文献资源利用效率和读者满意度；积极促进面向成员馆的数字资源共建共享，联合开展数字文献资源利用宣传推广服务。

（三）成立地方文献研究中心，加强地方文献研究

德州学院图书馆2015年成立“德州地方文献研究中心”，组织德州地方文献的收集活动，开展德州地方文献资源的交流与研究，为德州地方经济社会发展提供信息参考，推动德州文化艺术产业发展。德州历史悠久、文献种类众多，有计划、按步骤地对德州地方文献进行检索、收集和整理上架，是中心的一项重要工作。文献收集范围包括：①德州籍人的著述；②在德州生活、工作的非德州籍人的著述；③反映德州政治、经济、文化等内容的非德州籍人的著述。按内容专题对相关文献进行收集，有助于地方文献研究工作的开展。初步拟定下列专题：德州抗战文献（红色文献）、运河文化文献、黑陶文化文献、苏禄王墓研究文献（中菲关系文献）、德州碑拓资料、. 京剧文献（德州为“中国京剧城”唯一冠名城市）、德州作家作品、文学作品、

其他艺术作品、德州历史名人著作及研究文献（晏子、董子等）、德州当代他乡名人资料、其他专题。

（四）成立非遗传统文化社团、发扬传承传统文化

为弘扬中华传统文化，保护传承非物质文化遗产，传播中华传统剪纸艺术，德州学院图书馆和校团委共同成立“纸之韵”剪纸社和“向阳花”泥塑工作室。图书馆专门开辟一个研讨室陈列社团作品。包括悬挂在室内墙上及墙柱上的剪纸作品、陈列在橱柜中的泥塑玩偶作品。剪纸与泥塑是中华优秀传统文化艺术的展现形式，希望通过大学生创作活动，发扬和传承中国古老传统文化艺术，激发读者的求知欲望和创作热情，同时搭建图书馆与读者沟通交流的桥梁，营造读者学习室的学习和艺术氛围。

剪纸作品：第一部分为：《解析“美”形千年演变　品尚“美育”经典文化》的文字展板；第二部分为“美”字从“甲骨文”到“草书”的七种演变字体的剪纸作品；作品由学生社团“纸之韵”剪纸社在老师指导下完成。

另外还要许多特色剪纸，例如：

泥塑脸谱作品展示。由学生团队“向阳花”泥塑工作室创作。此版块将作为学生读者艺术作品展示平台，进行不定期更换。

本期名为：“泥之韵”，主题是“纯真”与“古典”的邂逅。作品由戏曲脸谱及泥塑玩偶系列组成。

（五）建设桑恒昌文学馆，开展公共文化教育

桑恒昌是中国当代著名诗人，曾任中国诗歌学会副秘书长，黄河诗报社长兼主编。中国作家协会会员、中国诗歌学会常务理事、国际华文诗人笔会理事。出版中文诗集18部，诗作入编600多种选集，300多首（次）诗作被译成英、法、德、韩、越文发表。他的怀亲诗创作自1990年代形成诗坛的一个高潮，在海内外享有较高声誉，被誉为继臧克家、贺敬之之后山东诗坛第三代领军人物（《山东文学通史》）。2016年被《山东诗人》杂志社授予“首届山东诗人终身成就奖”，2017年11月被评为“中国新诗百年百位最具影响力诗人”，2017年，桑恒昌先生将毕生收藏的书刊、剪报、书信、字画等15000余种悉数捐赠给德州学院，2018年1月，德州学院决定设立桑恒昌文学馆，2019年9月文学馆落成。

桑恒昌文学馆是一个集收藏、展览、学习、交流和研究为一体的公共文化教育场所。文学馆由展览馆、研学中心和藏品室三部分组成，面积600平方米，主要功能为：资料保管、文化交流（开展诗歌朗诵、诗韵校园、墨宝书香等活动）、培养教育（开设诗歌赏析课等）、学术研究（开展我国新时期意向抒情诗学术研究）。

（六）开展阅读推广活动，建设德州市全民阅读示范基地

德州学院图书馆充分发挥教育和服务职能，继续开展“读书月”系列活动、“阅读之星”排行、主题书展、新书展和明德讲坛等系列全民阅读推广活动。同时，充分利用广播、电视、网络、报刊等舆论宣传渠道，大力宣传 “全民阅读”活动，不断提升师生参与度、平台辐射面和品牌号召力，为“书香德州”品牌建设，助推德州书香社会建设，发挥积极作用。并邀请青年作家崔金鹏等社会知名人士讲解阅读知识，分享阅读体验。

（七）举办展览讲座活动，普及民族文化知识

举办多场次弘扬民族文化展览讲座活动。钱币作为一种文化的载体和历史的见证，承载了我国古代文化的众多信息，并见证了历史的发展沿革。为了普及古钱币知识，德州学院图书馆和德州市钱币学会和建设银行联合举办

主题为“普及钱币知识，品味历史文化”的古钱币展览和讲座活动。本次展览活动让参观者认识了中国钱币的起源和传承，对历史和货币的关系形成系统的认识，从而增强对货币的尊崇感和民族的向心力。

召开“运河德州段文化专题片”专家研讨会，宣扬研究运河文化。

为了弘扬书法艺术，德州学院图书馆举办薛伟东、张建波先生“诗书联璧”楹联书法展。邀请张建波教授作“中国楹联文化赏析”学术报告。张建波教授从楹联基本结构谈起，借助楹联与修辞、楹联与书法的独特内涵，将书法与楹联融为一体，向大家阐述了楹联文化的魅力神奇。报告会使师生全面的了解楹联文化，激发了读者对楹联的研究热情。

（八）和地方中小学校合作，开办讲座培训，培养中小学图书馆管理人员

德州学院图书馆和平原一中、学院附属小学等多所中小学校建立合作关系，就服务地方和德州地方文献资源建设与研究进行了积极对接交流，举办“信息技术如何助力教育教学”等讲座，培养中小学图书馆管理人员。

三、德州学院图书馆为社会服务的问题分析

虽然德州学院图书馆向社会开放，为社会开放了一部分服务，但受经费、场地、人员限制，开展的社会服务并不普及，日常开展的服务主要是借阅服务，面对的读者也有一定的范围限制。开展社会服务的问题原因分析：

（一）馆藏资源建设局限性

高校图书馆一直以来把为本校的教学科研服务作为主要目标，所以馆藏资源建设一般围绕本校的教学科研、学科建设需求为依据[54]。在资源采购的种类、数量、类型方面受学校发展的制约。而社会读者既有其他学校的学生教师、也有科研机构研究人员、政府人员、企事业单位员工、退休人员等等，他们的需求多样，层次不同。高校图书馆资源缺乏和社会需求的接轨，满足社会公众需求的能力有限，制约了高校图书馆为社会服务的能力。

（二）服务意识落后

受传统服务观念的影响，很大一部分高校图书馆员都认为高校图书馆仅需为本校师生读者服务，因此对社会服务积极性不高。同时图书馆员的社会地位在社会生活中没有得到应有的尊重和体现，一定程度上挫败了图书馆员的工作热情，使得为社会服务意识淡薄。

（三）缺乏对社会需求的了解

只有掌握读者需求，才能更好地、有针对性地提供服务。高校图书馆很难有人力、财力、精力对社会公众需求进行调查研究，无法了解各类读者的具体需求。尤其是面向政府人员的政策信息、企事业人员的前沿信息，这些时效性特别强的信息需求缺乏了解，使得服务跟不上需求的发展，直接影响服务质量。

四、德州学院图书馆开展为社会服务的建议

（一）了解社会读者需求，加强文献资源建设

资源是服务的基础，高校图书馆应在调研社会读者需求的基础上，有针对性的加强文献资源建设，提高信息保障能力。例如，针对学生教师读者的教学资源需求、政府人员的政策、决策信息需求、企业人员的竞争情报、前沿技术的信息需求、普通民众的消遣阅读需求等。首先，加大数字资源的建设力度，数字资源使用便捷，应用更加广泛，更易对社会公众开展服务。其次，加强特色馆藏建设，充分发挥地方文献和特色文献的作用。

（二）利用微服务体系，提升微服务水平

微服务体系具有占用资金少、易大范围应用的特点，在开展社会服务时，一定要注重微服务体系的应用。例如开通社会服务微博、微信公众号推送专题、移动资源开放推广、线上咨询、资源推送等。

（三）利用阅读推广活动，提升全民阅读素养

高校图书馆利用自身资源、人才、技术优势，深入社区、企事业单位、中小学学校开展阅读推广活动，利用讲座、培训、展览、宣讲等形式，激发全民阅读兴趣，提升全民阅读素养，在社会精神文明建设中贡献力量。

（四）制定相应的法规和政策，激发社会服务意识

目前，高校图书馆开展社会服务有一定的自愿、自发行为，没有相应的法规、政策作为激励和保障。在服务进行过程中，会遇到像知识产权、开放权限等问题的困扰。所以社会服务需要社会层面和国家层面的支持引导，制定成熟的法律、法规、政策加以引导和保障，在此基础上，增强高校图书馆员的社会责任感和社会服务意识，逐步树立开放式服务理念，提升服务积极性。

第六章　微服务专题书目提要

本书目主要包含针对微服务研究、地方高校图书馆研究以及地方文献研究的相关书目，以及山东省高校图书馆收藏情况。

2022年出版

001 指阅读下的非遗数字传播/谭坤作. —北京：中国纺织出版社，2022. 03. —201页—ISBN978-7-5180-8944-4：CNY68. 00

内容提要：文化与科技发展密不可分，随着智能手机和移动网络的普及，“非遗”更加迫切地需要保护与传承的新方法和新途径，在“拇指化阅读”的读屏时代，借助信息技术、移动网络等技术手段来探索适合当下大众传播习惯的新形式与载体。将“非遗”可视化、情景化、碎片化地应用在移动终端设备上，满足低头一族对于文化产品的阅读需要，实现“非遗”快速、有效的传播与展示。在本书中你将学习到可视化App、H5设计开发平台的使用，帮助设计师和“非遗”爱好者轻松编辑、发布、分享作品。本书共分为七章，从拇指时代的阅读特征到移动端“非遗”数字“悦”读的策划、设计、视觉表现、交互策略及设计开发全过程，以典型案例重点讲述了基于移动终端的“非遗”数字产品设计方法和技术实现手段。

2021年出版

002 移动图书馆的用户体验模型与服务质量提升研究/魏群义，许天才作. —北京：中央编译出版社，2021. 04. —326页：—ISBN978-7-5117-3790-8：

CNY95. 00

主题词：数字图书馆——图书馆服务——研究

内容提要：本文首先梳理了移动图书馆用户体验的理论研究和实践应用，从理论层面探讨了移动图书馆用户体验模型， 从实践应用层面开展了移动服务质量提升研究。该书内容包括： 移动图书馆用户体验概述 ； 移动图书馆用户体验要素研究等。

003 图书馆数字人文服务/苏芳荔作—北京：中国纺织出版社，2021. 12—247页：16开. —ISBN978-7-5180-9059-4：CNY68. 00

内容提要：本书试图厘清图书情报学与数字人文发展的内在关联，以及数字人文发展对图书馆、图书馆员和图书馆学的启示，构建图书馆数字人文建设和服务的基本理论，有助于双向建构图书馆和数字人文的理论体系。

004 区县级图书馆建设研究/井继龙作. —北京：中国纺织出版社，2021. 12. —137页：16开. —ISBN978-7-5180-8983-3：CNY68. 00

内容提要：区、县级图书馆作为广大群众身边的资源库，是促进基层民众广泛开展阅读、积极参与到传统文化学习和弘扬过程中的推动力量。本书从当前区、县图书馆的建设现状入手，详细阐述了信息时代区、县图书馆如何更加精准、高效地服务民众，如何提高图书资源利用的效率，如何最大限度地满足读者的阅读需求。读者能够通过本书的内容了解到如何加强区、县级图书馆的建设力，如何让更多的民众在“身边的阅读”中受益，并针对区县级图书馆建设如何助力学习型社会和公益性社会建设而展开思考。

005 公共图书馆的服务体系建设与创新/王蕴慧，张秀菊作. —北京：中国纺织出版社，2021. 12. —196页：16开. —ISBN978-7-5180-8982-6：CNY68. 00

内容提要：公共图书馆是文化知识的窗口和传播平台，在保障基层群众读书看报、参与公共文化活动等方面发挥了积极作用。在此背景下，本书在对重点研究公共图书馆及其服务体系的现状进行分析的基础上，结合公共文化服务体系的建设要求，明确了公共图书馆的服务原则、服务功能、服务对象，提出了公共图书馆文化服务体系构建的理念和主要模式。通过对近年来我国公共图书馆服务体系建设的主要成果进行分析，总结成功经验，并创新提出了我国公共图书馆服务体系建设的新路径。本书对研究公共图书馆服务体系的建设与创新，具有十分重要的参考价值和实践意义。

006 大数据环境下情报研究方法论体系研究/周瑛作. —北京：科学出版社，2021. 11. —170页：16开. —ISBN978-7-03-068649-7：CNY106. 00

内容提要：本书以马克思主义哲学为指导，在构建大数据环境下，情报研究方法论体系的过程中和梳理情报研究方法的基础上，对最高层次的哲学方法进行补充，同时对中间层次的一般科学方法的分类提出不同的分类标准，从而使新的分类结果更加合理和清晰。本书对涉及的43种研究方法在情报研究中的应用进行全面的研究，包括对新出现的大数据研究方法在情报研究中的应用进行分析，增加情报研究方法的内容。在此基础上，本书构建大数据环境下情报研究方法论体系，并就大数据方法中循环神经网络在情报研究中的应用进行研究，同时构造情报研究方法论体系评价模型。本书适用于管理学的图书情报与档案专业的本科生、研究生及相关专业的研究人员。

007数字图书馆用户体验研究/徐芳作. —北京：社会科学文献出版社，2021. 11. —251页：16开. —ISBN978-7-5201-9213-2：CNY128. 00

内容提要：本书在数字图书馆用户体验的现状调查与特征分析、数字图书馆网站用户体验案例研究与经验启示的基础上，回顾用户体验、用户满意、信息系统成功模型（ISSM）、技术接受模型（TAM）、亲和力（Affinity）、信息觅食（InformationForging）以及信息构建（IA）等理论，构建了数字图书馆用户体验的理论模型和测量量表，提出了数字图书馆用户体验满意度提升策略。本书采用实验、问卷调查、网络调查、案例研究等方法开展各项研究工作，采用单因素方差分析（One-WayANOVA）和结构方程模型（SEM）等数理统计方法进行数据处理。作为一本数字图书馆用户体验研究领域的专著，本书注重研究视角的全面性和研究方法的互补性，为数字图书馆用户体验研究的操作化（Operationalization）与测量提供了一种新思路。本书适合作为图书馆学、情报学硕士生专业学习的参考书，同时也可以作为数字图书馆实践领域的工作人员提升数字图书馆用户满意度的参考书。

008 大数据环境下高校图书馆知识服务模式研究/李敏. —北京：机械工业出版社，2021. 10. —ISBN978-7-111-69139-6：CNY69. 00

内容提要：本书深入、系统的研究了大数据及高校图书馆知识服务基本理论、大数据环境下高校图书馆知识服务体系等内容，采用了定性与定量相结合、对比研究等研究方法，资料较丰富，内容结构体系较合理，研究结论具有较好的创新性和参考价值。

009 图书馆信息资源安全 基于云计算环境下/黄国彬作. —北京：知识产权出版社，2021. 10. —352页：16开. —ISBN978-7-5130-7709-5：CNY88. 00

内容提要：本书综合应用图书馆情报学、信息管理学、信息法学、网络信息安全学等学科知识，采用多种研究方法，研究了图书馆引入云服务后的角色定位、资源体系和业务模式，探讨了其面临的信息资源安全问题，从政策法律、服务协议和管理制度等角度，提出了图书情报机构信息安全的应对策略。本书研究成果具有针对性和前瞻性，为我国图书馆应用云服务进一步提升资源建设、信息服务和业务管理提供了有效的理论依据和实践建议。

010 知识生态图书馆 高校图书馆从信息化到知识化的智慧之路/王利蕊作. —南京：河海大学出版社，2021. 10. —238页：16开. —ISBN978-7-5630-7220-0：CNY68. 00

内容提要：本文作者梳理了知识管理的基本理论、内涵，信息、知识和知识管理的关系，知识管理理论基础，知识管理技术与工具，知识管理要素和模型，知识管理业务流程及模型，知识管理评价与方法，探讨了图书馆的信息化管理与服务到知识管理与服务的路径，高校图书馆知识管理规划、实施的方法，高校图书馆知识资源组织等问题。提出高校图书馆从信息化到知识化的方法、路径和解决之道，构建了基于开放的、协同的高校知识生态系统图书馆，及其组织结构、系统模型、系统特征，面临的挑战和应对策略等问题。

011 智慧图书馆视角下的阅读推广研究/吴小冰. —郑州：郑州大学出版

社，2021. 09. —16开. ——ISBN978-7-5645-8052-0：CNY46. 00

内容提要：本书在智慧图书馆视角下，对图书馆阅读推广进行了深入研究，分析了目前国内图书馆开展阅读推广活动的现状、特点、发展趋势，总结了开展阅读推广活动的经验和教训，并探索了图书馆开展阅读推广和经典阅读推广的方法与途径。

012 智慧图书馆探索与实践/《智慧图书馆探索与实践》编委会编. —北京：国家图书馆出版社，2021. 09. —434页：24cm. —ISBN978-7-5013-7299-7：CNY99. 00

内容提要：本书总结了智慧图书馆的理论与实践，探讨了智慧图书馆未来的发展趋势。本书分为五个部分。第一部分为智慧图书馆总论；第二部分为智慧图书馆产生背景，对智慧图书馆产生的时代背景、社会背景和技术背景进行阐述；第三部分为智慧图书馆发展现状，系统总结相关理论研究进展和实践发展状况，包括智慧图书馆的概念、内涵、特征、技术、体系、功能、服务等方面；第四部分为智慧图书馆案例研究，对智慧图书馆建设成功案例进行分析；第五部分为智慧图书馆发展对话，与智慧图书馆研究领域知名专家进行对话，深度探讨智慧图书馆未来发展趋势。

013 阅读推广活动的评价指标体系构建及其实证研究/岳修志作. —北京：中国社会科学出版社，2021. 08. —168页：16开. —ISBN978-7-5203-8698-2：CNY66. 00

内容提要：本书详细回顾了阅读推广活动的评价及其指标的研究进展。通过探讨阅读推广活动的基础性问题，分析了阅读推广和全民阅读的异同。根据实际情况，提出指标分值的算法及其过程，以便进行具体的阅读推广活动的评价，比较了基于活动前后问卷（访谈）相结合的模式、基于活动后填写数据或回答问题的模式，以及两种模式的优劣。设计出面向活动评价填写者的活动评价系统，该系统在界面上集成了三个层次活动的评价入口，实现用户注册和登录功能，填写内容结束后，即可得到活动评价的分值。通过合理评价阅读推广活动，使得阅读推广活动的管理者从各个方面了解活动存在的成绩和问题，有针对性地提出提高阅读推广活动绩效的思路和解决方案，从而把阅读推广活动推得更深、更广、更有效。

014 公共图书馆资源建设与服务创新研究/宋文秀著. —成都：成都时代出版社，2021. 08. —85页. —ISBN978-7-5464-2861-1：CNY39. 00

内容提要：本书内容围绕公共图书馆事业建设、铜川市的特色数字资源平台建设、耀州古瓷多媒体资源库建设和RFID管理系统建设等方面，并对阅读推广服务创新提出更好的建议。

015 大学图书馆与文化传承创新/姚春燕，查志强编. —沈阳：辽宁人民出版社，2021. 06. —206页：16开. —ISBN978-7-205-10210-4：CNY78. 00

主题词：院校图书馆-图书馆文化-建设-研究-中国

内容提要：文献是资源，空间是资源，推广即服务，宣传是拓展，文创是融入。传统文化传承与弘扬，图书馆责无旁贷。本书倡导图书馆等文化机构积极参与优秀传统文化传承与弘扬工作，采取多种长效机制，创造多元读者服务路径与方式，促进国民综合素质的提升，对手弘扬传统文化的理论研究和实践具有参考作用。

016 高校图书馆创客空间建设理论与实践/杜杨芳作. —沈阳：东北大学出版社，2021. 06. —212页：16开. —ISBN978-7-5517-2682-5：CNY65. 00

内容提要：本书着重对我国42所世界一流大学建设高校图书馆开展的创容空间服务案例进行调查研究，对高校图书馆在创客空间建设、运营及服务等方面存在的问题和原因进行了分析，并提出了优化创客空间建设的原则、目标和策略。

2020年出版

017 搜索引擎技术与发展/罗刚编著. —北京：电子工业出版社，2020. —259页：26cm. ISBN978-7-121-39803-2：CNY69. 00

主题词：搜索引擎

内容提要：本书主要介绍如何使用Java语言开发搜索引擎，包括搜索引擎技术入门，使用Java开发网络爬虫，实现从文档中提取索引内容，中文分词的原理与实现，在Linux服务器端开发Solr应用，SpringBoot微服务框架实现的后端，以及React框架实现的前端等内容。

山东省内图书馆馆藏：烟台大学图书馆

018 阅读力/聂震宁著. —北京：中国盲文出版社，2020. —ISBN978-7-5002-9806-9：CNY65. 00

内容提要：作者首先对目前盛行的碎片式阅读就行了辩证的分析，并根据名人、真实的案例强调了深度阅读的重要性，并根据自身不同的身份角色，对阅读的省思和心得发现。

山东省内图书馆馆藏：山东青年政治学院图书馆

019 地方文献与阅读推广/王以俭，廖晓飞主编. . —北京：朝华出版社，2020. 02. —156页. —阅读推广人系列教材. —ISBN978-7-5054-4493-5：CNY4500

主题词：图书馆-读书活动-教材

内容提要：本书以地方文献的定义、分类、重要性、采集、排架等基本理论与操作方法为基础，按人物资源整合、分众阅读、地方史、数字化四个专题，阐述地方文献阅读推广的关键环节。

020 阅读政策与图书馆阅读推广/屈义华主编. —北京：朝华出版社，2020. 02. —204页. —阅读推广人系列教材. —ISBN978-7-5054-4487-4：CNY39. 804

主题词：公共图书馆-读书活动-方针政策-教材

内容提要：几年来，我国全民阅读政策体系已经初现雏形，公共图书馆发挥着非常重要的作用。本文阐述了公共图书馆的阅读推广的服务职责，对公共图书馆如何更好地开展阅读推广活动进行了阐述梳理。

021 古籍研究 总第71卷/古籍研究编辑委员会. —江苏凤凰出版社，2020. 11. —16开。—ISBN978-7-5506-3326-1：CNY 90. 00

内容提要：本论文集由古籍研究编辑委员会主编，收录国内各大高校

2020年古籍研究方面的最新研究论文，包括文史专论、校勘与注释、目录与版本、年谱与传记、文献辑考、古文字研究、皖籍文献专题、学术丛札、文献学评述、古籍书讯等栏目与板块，反映了古籍目录、版本、校勘、古代文学实证研究、古籍校勘与注释以及安徽地方文献研方面的丰硕成果。

022 图书馆阅读推广理论与实践研究/黎云著. —南昌：百花洲文艺出版社，2020. 01. —166页. —ISBN978-7-5500-3542-3

主题词：图书馆-读书活动-研究

内容提要：本书对图书馆阅读推广活动进行了较为全面的论述。全书共分六章：第一章是对阅读推广的概述；第二章是对图书馆阅读推广活动的理论研究；第三章论述了图书馆阅读推广活动的评估的相关问题；第四章介绍了国际上较为知名的阅读推广活动，并分析了图书馆在这些活动中发挥的作用；第五章从比较的视野下分析了中国与美国图书馆阅读推广活动的异同，并对我国图书馆阅读推广提出了建议；最后一章阐述了图书馆联盟的阅读推广活动。本书适合图书馆工作人员及相关研究者阅读与参考。

023 志愿者与图书馆阅读推广/缪建新主编. —北京：朝华出版社，2020. 05. —173页. —阅读推广人系列教材（第五辑）. —ISBN978-7-5054-4608-3

主题词：图书馆-读书活动-教材

内容提要：《志愿者与图书馆阅读推广》是阅读推广人系列教材中的一册，全书共九讲内容，分别从图书馆志愿者服务的概念、志愿者及其组织形式、国外和国内阅读推广志愿者的理论与实践等方面，分析了图书馆阅读推广与志愿者融合的实践与意义，以及图书馆阅读推广志愿者的高效管理机制与规划。志愿服务活动的发展和阅读推广活动的有效开展，一方面有助于拓展志愿者的服务领域，另一方面也提升了图书馆的社会影响力。本书对于图书馆阅读推广人的培育具有积极的推动作用，并进一步推动了图书馆阅读推广活动与志愿者服务的深度融合与发展。

山东省内图书馆馆藏：济宁医学院图书馆

024 社区与乡村阅读推广/徐益波主编. —北京：朝华出版社，2020. 02. —

213页. 阅读推广人系列教材. —ISBN978-7-5054-4486-7

主题词：社区-读书活动-教材-农村

内容提要：本书从内容上可以分为理论介绍和案例分析。前五讲主要就社区与乡村阅读推广的概念、必要性、任务以及发展的现状做了介绍，同时就推广活动的调研、组织、策划及品牌建设等进行了专业地讲解。通过此部分，读者可以从宏观上了解社区与乡村阅读推广。后五讲主要就社区与乡村阅读推广的实践活动进行了介绍，这其中主要就国内外的实践案例、“书香城市”活动进行了介绍，此外，还对乡镇图书馆建设与服务规范进行了解读，并全面介绍了一些新的推广方式，开阔了读者的眼界，可以帮助读者更好地从事阅读推广工作，具有较强的实践意义。

山东省内图书馆馆藏：济宁医学院图书馆 临沂大学图书馆

025 高校图书馆阅读推广理论与方法/陈幼华等著. —北京：朝华出版社，2020. 02. —222页. —阅读推广人系列教材. —ISBN978-7-5054-4489-8

主题词：院校图书馆-读书活动-教材

内容提要：本书聚焦高校图书馆阅读推广的理论与方法问题，在基础性理论探究方面，系统梳理了世界阅读推广的发展历程、阅读推广在中国勃兴的社会动因与过程、阅读推广在国内外大学图书馆的发展状况、阅读推广的研究进展，深入剖析了阅读推广的概念、研究范式等。

山东省内图书馆馆藏：山东青年政治学院图书馆 济南大学图书馆 济宁医学院图书馆

026 公共图书馆智慧服务的探索与实践/傅春平著. —广州：世界图书出版广东有限公司，2020. 10. —177页. —ISBN978-7-5192-7958-5

主题词：公共图书馆-图书馆服务-研究-深圳

内容提要：本书以福田区公共图书馆总分馆为研究对象，总结了影响公共图书馆的服务效能发挥所存在的问题。同时，基于“选书帮”知识服务体系的总体规划和现有成果，对第三代公共图书馆服务平台进行实证研究，提出智库型图书馆应用技术解决方案。在全民阅读推广方面，重点介绍了大众普及性阅读推广项目——“社区阅读激活行动”和精品阅读推广项目——“一间书房”。

027 图书馆科普阅读推广/肖佐刚，杨秀丹主编. —北京：朝华出版社，2020. 02. —238页. —阅读推广人系列教材. —ISBN978-7-5054-4485-0

主题词：图书馆-读书活动-教材

内容提要：本书从七个章节讲述了科普阅读推广研究的现状及文献综述，同时结合实际案例讲解了关于科普阅读推广的具体形式。通过了解其他国家，诸如美国、英国、日本图书馆的现状以及可资借鉴的经验，来充实丰富我国科普阅读推广的内容和形式。

山东省内图书馆馆藏：济南大学图书馆 山东农业大学图书馆 济宁医学院图书馆 临沂大学图书馆

028 现代馆藏管理与资源建设/李小贞，宋丽斌，赵毅著. —长春：吉林人民出版社，2020. 09. —145页. —ISBN978-7-206-17515-2

主题词：馆藏管理-研究

内容提要：本书介绍了文献的起源与构成要素、现代文献的类型划分、整体特征以及馆藏文献资源体系，论述了馆藏文献资源建设的理论基础，阐述了综合性档案馆馆藏资源管理与建设的相关研究，对图书馆馆藏资源管理与建设进行了探究，以高校图书馆为例诠释了现代馆藏管理与资源建设实践。随着信息技术的发展，馆藏资源数字化建设也随之开展，馆藏建设是必不可少的有力支持，纵观时代发展，现代馆藏建设呈现资源多样化、技术智能化、管理专业化的趋势，如何实施更为科学和系统的馆藏管理与建设是图书馆从业人员重点研究的课题。

029 图情大数据/林鹤，曹磊，夏翠娟编著. —上海：上海科学技术出版社，2020. 11. —204页. —大数据技术与应用. —ISBN978-7-5478-5094-7

山东省内图书馆馆藏：济宁医学院图书馆

030 面向未来的公共图书馆问学问道/王世伟著. —上海：上海社会科学院出版社，2020. —362页. —ISBN978-7-5520-3202-4：CNY98. 00

主题词：公共图书馆–研究

内容提要：本书汇集了作者近年来对公共图书馆问学问道的最新思考和研究文字。全书分为“问学篇”“问道篇”“技术篇”“文献篇”。

山东省内图书馆馆藏：济宁医学院图书馆

2019年出版

031 基于微信公众平台的高校图书馆服务创新/刘洋主编. —天津：天津科学技术出版社，2019. —ISBN978–7–5576–6359–9：CNY68. 00

主题词：互联网络—应用—院校图书馆—图书馆工作—研究

内容提要：本书主要对高校图书馆与微信平台相结合的前景与挑战、服务创新、服务标准体系、服务创新型案例等方面进行了论述。

032 百舸争流 奋楫者先/上海市静安区中小学图书馆工作委员会编. —上海：上海教育出版社，2019. —190页：23CM. —ISBN978–7–5444–8519–7：CNY52. 00

主题词：中小学–学校图书馆–图书馆工作–静安区–文集

内容提要：本文主要汇集了2015–2017年期间，静安区在推进中小学图书馆建设与发展的过程中所形成理论研究与实践探索。全书共分为六个专题，收录了静安区中小学图书馆专业人员的40余篇优秀论文，较全面较系统地反映了静安区中小学图书馆在资源建设、读者服务、阅读推广、图书馆教育等方面所取得的建设成果和实践经验，高度凝聚了静安区中小学图书馆专业人员心血和智慧。

山东省内图书馆馆藏：济南市图书馆

033 阅读与心理健康/王波主编. 北京：朝华出版社，2019. —210页. ISBN978–7–5054–4542–0：CNY45. 00

主题词：读书活动–关系–大学生–心理健康–教材

内容提要：本书介绍了阅读疗法的沿革、原理及实践活动。读者通过阅读本书，可以基本了解当前国内阅读疗法研究与实践的成果，也可尝试应用阅读疗法，改善情绪、纠正认知，回归心理健康。

山东省内图书馆馆藏：山东农业大学图书馆 临沂大学图书馆

034 高校图书馆阅读推广研究/李明著. —北京：朝华出版社，2019. —187页：24CM. —ISBN978-7-5054-4451-5：CNY65. 00

主题词：院校图书馆—读书活动—研究

内容提要：本书通过大量实例并结合十种软件工具，系统介绍了引文分析方法在图书情报领域应用的原理、方法与实践案例。分三篇，内容包括：研究综述；高校图书馆阅读推广工作；高校图书馆阅读推广发展趋势及策略研究。

山东省内图书馆馆藏：山东大学图书馆 山东农业大学图书馆 烟台大学图书馆 滨州学院图书馆 临沂大学图书馆

035 高校图书馆管理与读者服务研究/周甜甜著. —延吉：延边大学出版社，2019. —130页：16开. ISBN号978-7-5688-6708-5：CNY40. 00

主题词：院校图书馆-图书馆工作-研究

内容提要：本书主要对高校图书馆管理和读者服务进行研究，探讨了作为高校信息管理部门的图书馆，要以读者需求为中心，打造读者服务新形态。

山东省内图书馆馆藏：山东青年政治学院图书馆 烟台大学图书馆

036 大数据环境下公共图书馆服务深化思考与探索/李君主编. 上海：上海辞书出版社，2019. —236页. —ISBN978-7-5326-5356-0：CNY30. 00

主题词：公共图书馆—图书馆服务—上海—文集

内容提要：本书为2018年上海地区公共图书馆读者服务论文结集，各基层图书馆馆员从不同角度阐述了图书馆事业的发展趋势，论文内容涉及公共图书馆服务品牌创建，阅读推广实践总结，阅读资源整合与共享，图书馆志愿者队伍建设等诸多方面，以研究的广度、探索的深度，闪烁着真知灼见的魅力，不仅展示了图书馆人求索奋进，创新活力的风采，也表现出图书馆人在跨界融合、创新发展、服务理念与技术领域等方面的经验、体会与构想，真切感受到图书馆人的那份自信、深沉和睿智。

037 图书馆移动服务模式和质量评价研究/过仕明著. 哈尔滨：黑龙江人民出版社，2019. —226页. ISBN978-7-207-11612-3：CNY46. 00

主题词：虚拟图书馆—图书馆服务—研究—中国

内容提要：本书首先介绍了我国图书馆移动服务的研究现状，明确了我国与先进国家在服务模式各方面所存在的差距；分析了制约图书馆移动服务普遍均等化的影响因素，提出了全新的图书馆移动服务模式（包括其组织机制与运行框架）。为优化与完善我国图书馆移动服务模式提供了重要的理论依据。

山东省内图书馆馆藏：山东交通学院图书馆 山东大学图书馆 临沂大学图书馆

038 高校图书馆阅读推广与服务机制构建/李建明著. 北京：航空工业出版社，2019. —120页：24CM. ISBN978-7-5165-1426-9：CNY35. 00

主题词：院校图书馆-读书活动-研究

内容提要：本书首先介绍了高校图书馆阅读推广以及服务工作的现状，对高校图书馆的阅读推广活动，进行分析，对高校图书馆学科服务平台和信息服务平台的构建问题做了研究，进一步分析了高校图书馆阅读推广与服务机制的未来发展问题。

山东省内图书馆馆藏：山东大学图书馆 烟台大学图书馆 山东青年政治学院图书馆临沂大学图书馆

039 移动终端社会化阅读/王海燕著. 北京：社会科学文献出版社，2019. —212页. ISBN978-7-5201-3832-1：CNY68. 00

主题词：电子图书—读书活动—研究

内容提要：本文首先分析了移动终端的社会化阅读的现状和不足，总结概括出移动终社会化阅读的核心特征；其次，结合实际案案例分析了移动终端社会化阅读的三大要素对其核心特征的影响；最后，对用户的移动阅读行为进行了实证研究。

山东省内图书馆馆藏：山东大学图书馆 山东青年政治学院图书馆 济宁学院图书馆 山东农业大学图书馆 烟台大学图书馆 青岛农业大学图书馆 临沂大学图书馆

040 互联网背景下高校图书馆创新思维/李飞，张燕主编. 北京：科学出版社，2019. —509页：16开. —ISBN978-7-03-061862-7：CNY198. 00

主题词：互联网络-应用-院校图书馆-图书馆工作-文集

内容提要：本书汇集了第八届“中美图书馆实务论坛”的百余篇征文，全面展示了近年来云南省高校图书馆及国内部分其他高校图书馆的学术研究成果，并融入了国内外图书馆专家的经验和建议。论文集分为五部分：1专家论坛、2高校图书馆可持续发展战略及实践、3信息素养教育新进展、4科研数据管理与学科服务、5图书馆网络信息安全与技术，为高校图书馆的建议、服务和发展提供借鉴和指导。

山东省内图书馆馆藏：山东青年政治学院图书馆

041 吕家姐妹的书房/教师月刊编辑部编. 上海：华东师范大学出版社，2019. —126页. —ISBN978-7-5675-9478-4：CNY25. 00

主题词：儿童教育-家庭教育-阅读辅导

内容提要：吕家姐妹，即浙江省嵊州市小学教师吕红蕾、吕群芳姐妹。她们在教书育人之余，致力于推广少儿阅读、亲子共读的公益活动，自觉传承家乡的书院文化，并通过微信公众号“吕家姐妹的书房”，面向家长、教育同行传播阅读文化，营造浓厚的书香社会氛围。

042 图书馆阅读推广案例赏析/蔡迎春，金欢主编. 北京：国家图书馆出版社，2019. —409页. —阅读推广丛书. —ISBN号978-7-5013-6688-0：CNY120. 00

主题词：图书馆—读书活动—案例

内容提要：本书分上下两篇，上篇侧重介绍图书馆阅读推广工作的理论与方法，下篇精选全国优秀的阅读推广案例。

山东省内图书馆馆藏：山东大学图书馆 青岛农业大学图书馆 临沂大学图

书馆 山东农业大学图书馆　烟台大学图书馆 山东青年政治学院图书馆济南市图书馆

043 非对称信息共享网络理论与技术/任勇，徐蕾，姜春晓编著. —北京：高等教育出版社，2019. —322页：16开. —网络科学与工程丛书. —ISBN978-7-04-051855-9：CNY69.00

主题词：网络信息资料-研究

内容提要：本书从揭示网络信息共享中普遍存在的非对称现象入手，探讨了网络信息共享的概念和模型，建立了非对称广域覆盖信息共享网络体系结构和相应的服务模式，分析了信息共享网络的拓扑与动力学特性，在此基础上探讨了流量优化的理论与技术，从网络信息获取、文本挖掘、信息聚合等方面分析了信息共享网络中的信息处理方法，针对当前受到广泛关注的隐私安全问题探讨了如何在信息共享与隐私保护之间寻求平衡。 全书内容涉及技术面广泛，展示了作者的最新研究成果，提供了相应的算法、模型及案例，具有很高的实用价值。

山东省内图书馆馆藏：山东大学图书馆 山东农业大学图书馆 烟台大学图书馆 青岛农业大学图书馆

044 融合 创新 发展/何光伦主编. ——成都：四川大学出版社，2019. —168页. —ISBN978-7-5690-3030-3

内容提要：本论文集是2013-2015年的四川省文化厅图书情报学与文献学规划项目已结项课题的论文合集。含不同论文25篇，内容为图书情报学与文献学范畴，作者为四川地区公共图书馆、高校图书馆工作人员。本书总字数为280千字左右。

045 “互联网+”时代高校图书馆智慧化建设研究/高红霞著. —沈阳：辽海出版社，2019. —173页：24CM. —ISBN978-7-5451-4516-8：CNY48.00

主题词：互联网络—应用—院校图书馆—图书馆发展—研究—中国

内容提要：本文只要介绍了智慧化高校图书馆建设过程中的问题及解决方案，以及发展趋势，期望对各高校构建智慧图书馆有一定的积极作用。

山东省内图书馆馆藏：山东交通学院图书馆 烟台大学图书馆 山东工业职业学院图书馆 济南市图书馆

046 果园书香/郑州大学国际学院编. —郑州：郑州大学出版社，2019. —170页。—ISBN978-7-5645-6769-9：CNY46. 00

内容提要：郑州大学国际学院于2017年11月启动以读书为主题的系列活动，并创建以（果园书香）命名的微信交流平台，借以进行阅读推广，打造浓厚书香氛围，推进校园精神文明建设。（青椒书话）读书分享会、主题征文比赛、文化沙龙、诗文诵读等。本书内容主要包括（青椒书话）读书分享活动中专家学者的内容记述；寒假主题征文的作品展示；影视赏评及读书心得；抒发学习生活情感及对美好未来向往的诗歌散文等。本书共收录50余篇学生的读书笔记、阅读感言、心得体会和文学笔谈等，这些文章从不同的层面反映了当代大学生的读书生活和创作体会。

047 科技文献检索与利用（第2版）/马三梅，王永飞，孙小武主编. —北京：科学出版社，2019. 02。—220页. —普通高等教育“十三五”规划教材. —ISBN978-7-03-059243-9：CNY48. 00

主题词：科技文献—文献检索与利用

内容提要：本书围绕如何获取与利用文献这一问题，结合亲身的实践，对如何检索文献、保存文献、利用文献的知识和技巧进行详细地阐述，为培养学生的会读、会想、会写的能力奠定基础。全书对文献检索的基础知识、EndNote软件的使用、常用的中文数据库、英文数据库、Mendeley等新的检索软件的使用、SCI论文投稿和写作技巧及论文查重软件等内容进行介绍；本书结合编者的亲身实践，对论文的写作的技巧进行了展示，处处体现着“文章是改出来的”这一主题，为学生掌握文献检索和利用文献提供了实际的指导。

山东省内图书馆馆藏：山东大学图书馆 山东农业大学图书馆 烟台大学图书馆 山东青年政治学院图书馆 青岛农业大学图书馆

048 图书馆业务工作相关标准规范概览/申晓娟主编. —北京：北京师范

大学出版社， 2019. 01. —221页. —全国基层文化队伍培训用书. ISBN7-303-23504-3：CNY49. 80

主题词：图书馆工作-标准-业务培训-教材

内容提要：本书以图书馆业务工作流程为基础，对已经发布的、适用于图书馆相应业务流程的标准规范成果进行汇总，共收录了截止到2016年7月底正式发布实施的图书馆业务相关推荐性国家标准和行业标准近170项。同时对每个标准规范从内容概要、适用范围、主要技术几方面做内容揭示。通过对图书馆及相关工作标准规范的资料整理，一方面，为我国各级各类图书馆开展各项基础业务工作提供技术标准依据和查询线索，促进我国图书馆各项业务工作的规范化开展。另一方面也是对我国自20世纪70年代以来的图书馆标准化工作成果做宣传和推广，推动标准规范在图书馆业务工作中的使用，为实现通过标准化促进均衡化的目标做更扎实的基础工作。

山东省内图书馆馆藏：山东大学图书馆 山东农业大学图书馆 山东青年政治学院图书馆临沂大学图书馆 济南市图书馆

049 高校图书馆专利信息服务研究/刘秀文编著. —北京：海洋出版社，2019. 09. —235页. —北京大学图书馆研究支持服务探索与实践丛书. —ISBN978-7-5210-0413-7：CNY52. 00

主题词：院校图书馆-专利文献-情报服务-研究

内容提要：高校图书馆作为高校知识产权服务的依托机构，承担着专利信息服务职责。为了更好地服务于高校的产学研协同创新，本书对高校图书馆如何提供专利信息服务进行了研究探索，以促进校专利的申请、管理和转化的工作，为国家的创新战略和经济转型贡献一份力量。

山东省内图书馆馆藏：山东青年政治学院图书馆 山东农业大学图书馆

050 当代高职院校图书馆服务创新与发展研究/蒋群蓉著. —吉林出版集团股份有限公司，2019. 05. —220页. —ISBN7-5581-4892-7：— CNY56. 00

主题词：高等职业教育-院校图书馆-图书馆服务-研究

内容提要：本书共分八章，分别为图书馆服务标准研究、图书馆人文管理与发展、图书馆学理论研究方向、图书馆服务质量提升研究、图书馆共享服务、科技查新的创新服务、图书馆2. 0时代、移动图书馆发展研究，从多个方面分析了新形势下图书馆服务的创新发展方向和具体实施方法。本书不仅适合高校的图书馆专业学生、老师、研究人员以及相关工作人员阅读，也适合普通大众来了解图书馆的相关服务内容。

山东省内图书馆馆藏：青岛酒店管理职业技术学院图书馆

051 信息检索与毕业论文写作/龚文静主编. —北京：中国书籍出版社，2019. 10. —347页. —ISBN978-7-5068-7464-9：CNY 55. 00

主题词：信息检索-高等学校-教材

内容提要：本书系针对地方本科高校文科类专业学生所编写的校本教材。全书共8章，主要内容为信息检索概述、网络信息资源检索、常用的学术论文检索系统、常用的图书检索系统、专题数据的使用、专利文献信息检索、毕业论文写作与信息检索的应用、信息检索与教学改革。本书以各类型数据库的熟练使用和提高网络检索技能为主要教学内容，以典型检索实例为教学案例，侧重介绍学校各类型检索系统的使用方法和检索技巧，突出实用性。

山东省内图书馆馆藏：烟台大学图书馆

052 全国地方文献工作与研究/湖南图书馆编. —北京：国家图书馆出版社，2019. 11. —386页. —ISBN978-7-5013-6866-2：CNY188. 00

主题词：地方文献-工作-研究-中国

内容提要：近几年，地方文献研究工作有了很大发展，为了梳理全国地方文献工作取得的成果和工作经验，为下一步地方文献的进一步发展做理论指导，中国图书馆学会学术研究委员会地方文献研究专业委员会与湖南图书馆组织编撰了此书。

053 高校图书馆区域联合信息咨询的理论与实践/季淑娟，王晓丽，刘恩涛. —北京：北京邮电大学出版社，2019. 12. —196页：16开. —ISBN978-7-5635-5959-6：CNY66. 00

主题词：院校图书馆–图书馆服务–信息咨询–研究

内容提要：本书重点介绍高校图书馆区域联合信息咨询服务的建设发展现状及运行管理，全书共11章，内容包括：联合信息咨询相关理论研究和历史沿革；高校图书馆协作组织类型和典型案例；联合信息咨询服务项目内容、服务模式与服务规范；联合信息咨询服务系统的架构和系统平台的构建；联合信息咨询体系的运营管理；联合信息咨询建设绩效和发展前瞻。本书为促进高校图书馆区域联合信息咨询服务发展，加强图书馆之间网络信息咨询服务与应用技术的交流和合作，满足包括社会公众在内的广大用户多样化深层次的信息需求提供了重要理论参考和实践指导。

山东省内图书馆馆藏：山东青年政治学院图书馆 山东农业大学图书馆 济宁医学院图书馆 临沂大学图书馆

054 高校图书馆管理与服务创新研究/于红，李茂银著. —长春：吉林人民出版社，2019. 09. —133页. —ISBN978–7–206–16381–4

主题词：院校图书馆–图书馆工作–研究

内容提要：本书从相关概述和理论基础入手，通过逻辑分析法和现场调查法，重点分析当前高校图书馆管理与服务工作的现状和存在的问题，并在这个基础上形成对于管理与服务工作创新路径的研究。

055 图书馆创新与现代管理研究/师美然，张颖，张雯著. —长春：吉林人民出版社，2019. 09. —178页. —ISBN978–7–206–16269–5

主题词：图书馆管理–研究

内容提要：在当下形势下，如何更好、更快地应对图书馆的可持续发展，是图书馆界十分关注的问题。作者以“图书馆创新与现代管理研究”为课题，以我国新时期图书馆创新理念为切入点，阐述了图书馆学的历史演进、图书馆学体系结构、图书馆的基础认知以及图书馆资源的相关研究，探索了新时期我国图书馆的技术创新、图书馆空间改造创新、制度创新、服务创新，对图书馆管理的基础理论进行了论述，阐述了图书馆目标管理、人力资源管理、财力资源管理、知识管理以及全面质量管理的实施路径，探索了新时期我国图书馆管理的创新。

056 现代图书馆管理体系与服务研究/李静，乔菊英，江秋菊著. —长春：吉林人民出版社，2019. 08. —215页. —ISBN978-7-206-16236-7

主题词：图书馆管理-研究；图书馆服务-研究

内容提要：21世纪以来，图书馆和图书馆事业受社会经济的影响逐步转型与快速发展，其管理体制与服务方式发生了变化。随着图书馆管理水平的大幅提高，科技化程度加强，服务方式细化，出现了很多新情况和新问题，作者从现代管理方式入手进行了多层次、多角度、系统全面地对图书馆管理进行了深入具体的研究，同时又对现代图书馆服务进行了全方位的阐述。本书内容广泛，结构清晰，基本上涵盖了图书馆管理的全部内容和现代图书馆服务的各个方面。

057 大数据环境下图书馆文献信息资源建设与利用/刘付霞著. —长春：吉林人民出版社，2019. 11. —106页. —ISBN978-7-206-16547-4

主题词：数据处理-应用-院校图书馆-图书馆工作-研究

内容提要：本书探讨图书馆文献信息资源建设、图书馆文献信息资源的检索与利用以及大数据环境下图书馆文献信息资源的管理策略与创新。本书在理清大数据与高校图书馆个性化信息服务概念和特征基础上，找到两者契合点，着眼于高校图书馆个性化信息服务发展趋势，发现两者存在结合的可能性。

058 泛在知识环境下图书馆知识发现技术及应用研究/张计龙等著. —上海：复旦大学出版社，2019. 01. —222页：26CM. —ISBN978-7-309-13852-8：CNY35. 00

内容提要：本书探讨了新需求下的图书馆发展目标和知识发现技术在图书馆领域的应用，重点突破了泛在知识环境下图书馆知识发现中异构数据、动态数据的采集技术，立足图书馆所处的泛在知识环境的海量数据，对相关学科进行数据分析。

山东省内图书馆馆藏：山东大学图书馆 山东青年政治学院图书馆 济南大

学图书馆 山东农业大学图书馆 烟台大学图书馆 济南市图书馆

059 数字图书馆动态知识管理研究/周义刚著. —北京：中国书籍出版社，2019. 01. —222页. —ISBN978-7-5068-7067-2—20：CNY68. 00

主题词：数字图书馆-知识管理-研究

内容提要：本书在分析了本体及现有解决方案的不足后，提出了基于本体分子的动态知识管理方案。该方案充分借鉴了现有方案的精华并摒弃了其不足。

山东省内图书馆馆藏：山东交通学院图书馆 山东大学图书馆 山东青年政治学院图书馆 济南职业学院图书馆 济宁医学院图书馆 烟台大学图书馆 滨州学院图书馆 青岛农业大学图书馆 临沂大学图书馆 济宁学院图书馆

060 真人图书馆与阅读推广/毕洪秋，王政著；中国图书馆学会编；王余光，霍瑞娟，李东来总主编. —北京：朝华出版社，2019. 12. —157页. —阅读推广人系列教材 第四辑. —ISBN978-7-5054-4541-3

主题词：图书馆-读书活动-教材

内容提要：本书从六个章节进行阐述，从真人图书馆的起源、定义、特征、构成要素等方面进行历史维度的梳理与阐释。此外，作者还从真人图书馆的资源建设、活动组织、管理运营及推广合作等方面展开论述，探讨真人图书馆的可持续发展问题，对真人图书馆诸多资源的综合运营与有效管理进行阐述。最后，以高校图书馆、公共图书馆和社会组织为例，通过案例形式，展示真人图书馆的组织实施。书中内容全面，案例丰富，是一本值得广大图书馆学爱好者借鉴的指导性书籍。

山东省内图书馆馆藏：山东农业大学图书馆 济宁医学院图书馆 临沂大学图书馆

061 新媒体时代图书馆管理与服务研究/董伟著. —长春：吉林人民出版社，2019. 07. —106页. —ISBN978-7-206-16165-0

主题词：图书馆管理-研究；图书馆服务-研究

内容提要：随着我国进入数据信息化时代，图书馆文献资源也随着时代的发展而转型，并且随着时代的发展，人们对于信息的需求也逐渐转变成多样化的需求。本书共五章主要讲述了图书馆管理的基本原理与发展趋势，并着重讲述了新媒体对阅读能力和读者阅读行为的影响，以及在新媒体技术下图书馆服务的应用与管理模式。以期对我国图书馆文献的共享、共建资源模式，图书馆文献共享、共建资源模式，提供参考。

062 大数据时代大学生信息素养与科研创新/康桂英. —北京：北京理工大学出版社，2019. 09. —344页. —普通高等教育“十三五”规划教材. —ISBN978-7-5682-7416-6

主题词：大学生—信息素养—信息教育—高等学校—教材；大学生—科研活动—高等学校—教材

内容提要：本书不仅详细介绍了信息、信息资源、文献、书目、索引、文摘以及参考工具书的基本概念、特点，还详细介绍了图书、期刊、学位论文等各类资源的概念、特点以及各种各样的检索方法。

山东省内图书馆馆藏：济南职业学院图书馆 山东农业大学图书馆 济宁医学院图书馆 烟台大学图书馆 青岛农业大学图书馆 临沂大学图书馆 山东外贸职业学院图书馆 济南市图书馆

063 图书馆管理与智能应用/朱丽君，卫冉，肖倩著. —长春：吉林人民出版社，2019. 07. —175页. —ISBN978-7-206-16182-7

主题词：智能技术-应用-院校图书馆-图书馆管理

内容提要：本书系统地描述了智能应用背景和智能技术构成，并对智能应用在国内外高校中的应用现状进行了详细的分析。结合大学图书馆的客观实际情况，以大学智能应用图书管理系统为例，介绍了大学智能应用图书管理系统的各个组成部分及其作用，阐述了智能应用技术在高校图书馆中应用的必要性与技术更新过程中需要注意的关键问题，最后对系统应用的问题进行了总结，并针对性地提出了图书馆发展智能技术应采取的原则和策略。

064 大数据时代高校图书馆信息服务创新研究/张路著. —长春：吉林人民出版社，2019. 12. —218页. —ISBN978-7-206-16776-8

主题词：院校图书馆–图书馆服务–研究

内容提要：本书主要对大数据时代高校图书馆信息服务创新进行研究。

山东省内图书馆馆藏：山东交通学院图书馆 山东大学图书馆 山东青年政治学院图书馆 济南大学图书馆 烟台大学图书馆 滨州学院图书馆 青岛农业大学图书馆 临沂大学图书馆

065 高校图书馆管理与阅读服务模式创新/杨琳著. —长春：吉林人民出版社，2019. 06. —215页. —ISBN978–7–206–16152–0：CNY35. 00

主题词：院校图书馆–图书馆管理–研究；院校图书馆–图书馆服务–研究

内容提要：本书以高校图书馆管理与阅读服务模式创新为题，分别从图书馆、中国图书馆发展的历程、我国图书馆现状评价、我国图书馆发展存在的问题与对策、图书馆法制建设和业务规范初见成效、图书的管理与服务等几个方面进行多视角解读。本书通过系统清晰的结构、科学严谨的理论研究和丰富全面的知识点，对高校图书馆管理与阅读服务模式进行深入地剖析和探索，充分体现出了时代性、科学性、系统性、实用性等特点，是一本关于高校图书馆管理与阅读服务模式的专业性较强的学术著作，对图书馆工作人员全面系统地学习和掌握体育图书馆管理的基本理论与实践有重要意义。

066 高等院校图书馆学与信息化应用研究/张慧敏，肖静著. —长春：吉林人民出版社，2019. 11—270页—ISBN978–7–206–16737–9：CNY76. 00

主题词：信息技术–应用–院校图书馆–图书馆工作–研究

山东省内图书馆馆藏：山东青年政治学院图书馆 烟台大学图书馆 临沂大学图书馆

067 高校图书馆阅读推广与宣传促进研究/李琳著. —长春：吉林人民出版社，2019. 12. —176页. —ISBN978–7–206–16566–5

主题词：院校图书馆–读书活动–研究

山东省内图书馆馆藏：济南职业学院图书馆 济宁医学院图书馆 烟台大学图书馆

068 现代图书管理艺术研究/朱建彬著. —长春：吉林美术出版社，2019.

01. —298页. —ISBN978-7-5575-3598-8：CNY72. 00

内容提要：现代图书馆管理艺术研究，本书主要介绍了图书馆管理历史的演进、在不同时期不同地域的图书馆管理艺术的不同之处，对现代图书馆管理艺术的影响要素及组成因素进行了深入的分析和探讨，给读者在现代图书馆管理艺术研究方面提供借鉴。

山东省内图书馆馆藏：济南职业学院图书馆 济宁医学院图书馆 烟台大学图书馆 滨州学院图书馆 济宁学院图书馆 山东职业学院图书馆

069 我国城乡社区图书馆建设与发展战略研究/孙国峰，唐俐俐著. —杭州：浙江工商大学出版社，2019. 11. —263页. —ISBN978-7-5178-3527-1：CNY38. 00

主题词：社区图书馆-图书馆工作-研究-中国

内容提要：本书对我国城乡社区图书馆建设现状、特点和短缺等进行了宏微观层面深入的考察，结合国外城乡社区图书馆建设成就和发展模式等，对我国城乡社区图书馆的投资主体、受众规模和发展战略等进行了全方位的有益探讨，并对国内外部分案例进行了深入剖析，探讨了我国城乡社区图书馆建设的可持续发展模式。

070 图书馆资源建设与管理艺术/李国翠，郭旗著. —长春：吉林美术出版社，2019. 01. —224页. —ISBN978-7-5575-3319-9：CNY43. 00

主题词：图书馆—文献资源建设—研究

内容提要：本书本职工作岗位上工作经验的总结和积累，内容涉及了图书馆文献资源建设工作、图书馆信息资源建设、图书著录工作、数字图书馆建设，图书馆管理等领域。对图书馆学教学、理论研究和图书馆实际工作有一定的参考价值。

山东省内图书馆馆藏：济宁医学院图书馆 烟台大学图书馆 滨州学院图书馆 济宁学院图书馆 山东职业学院图书馆

071 大数据时代高校图书馆信息服务创新研究/张理华著. —北京：北京理工大学出版社，2019. 03. —167页：24CM. —ISBN978-7-5682-5689-6：

CNY55.00

主题词：院校图书馆-图书馆服务-研究

内容提要：本书以大时代为背景，以高校图书馆作为研究对象进行深入探究。主要探讨了大数据时代对高校图书馆信息服务的影响以及高校图书馆处于大数据时代所做的发展与创新。本书构思严谨，观点新颖，深入浅出，知识系统完善，希望在教学上对广大读者有所指导。

山东省内图书馆馆藏：山东交通学院图书馆 山东大学图书馆 山东青年政治学院图书馆 济南大学图书馆 烟台大学图书馆 滨州学院图书馆 青岛农业大学图书馆 临沂大学图书馆

072 数字图书馆资源管理与建设/张睿丽著. —长春：吉林人民出版社，2019.10. —142页. —ISBN978-7-206-16461-3

主题词：数字图书馆-文献资源建设-研究

内容提要：本书从数字图书馆概念出发，系统论述数字图书馆的发展背景、体系结构、技术架构，分析发展建设中存在的问题，并提出管理优化的具体措施，以提升数字图书馆的资源建设质量和发展速度。

073 新时期高校图书馆读者服务工作研究/王振伟著. —北京：北京理工大学出版社，2019.06. —202页. —ISBN978-7-5682-7141-7

主题词：院校图书馆-图书馆服务-研究

内容提要：本书以高校图书馆服务的对象特点和需求为基础，探讨高校图书馆的服务体系构建、数字化建设和管理创新，并且对高校图书馆的发展趋势提出见解。

山东省内图书馆馆藏：山东青年政治学院图书馆 烟台大学图书馆 青岛农业大学图书馆

074 “双一流”建设背景下高校图书馆建设与服务/张丰智，李建章主编. —北京：北京邮电大学出版社，2019.07. —270页：26CM. —SBN978-7-5635-5747-9

主题词：院校图书馆-图书馆服务-研究-院校图书馆-图书馆工作-研究

内容提要：本书内容主要是从北京科技情报学会高等院校科技情报专业委员会举办的“2018年‘双一流’背景下高校图书馆建设与服务创新高层论坛”征文中挑选出来的论文和案例，主要包括：高校图书馆学科资源建设与评价分析、“双一流”形势下学科服务创新思路、资源整合与开发利用、数字资源绩效评估、图书馆服务社会功能探索等。

山东省内图书馆馆藏：山东青年政治学院图书馆 山东农业大学图书馆 青岛农业大学图书馆 济南市图书馆

2018年出版

075 大学图书馆微营销研究/吴国英著. —北京：中国社会科学出版社，2018. 11. —300页：24cm. —ISBN978-7-5203-3706-9：CNY85. 00

主题词：院校图书馆—图书馆服务—网络营销—研究

内容提要：本书通过对近年大学图书馆微营销的研究，进一步分析大学图书馆由传统图书馆向现代化数字图书馆转型的内容和方向，并应用图书情报学和非营利性组织营销的观念、理论和方法，学科交融将大学图书馆微营销做细做精，揭示大学图书馆微营销的具体工作内容，最后通过实证研究说明在现代化、信息化和智能化的现代大学，无论是信息资源建设、学科建设，还是文化传承和社会服务，大学图书馆一定是集资源、技术和服务“三位一体”的综合信息服务中心。

山东省内图书馆馆藏：山东大学图书馆 青岛农业大学图书馆 山东农业大学图书馆 山东青年政治学院图书馆 烟台大学图书馆济南市图书馆

076 当前我国大学图书馆管理微探/王文杰著. —西安：西北工业大学出版社，2018. 11. —26cm × 19cm. —ISBN978-7-5612-6343-3：CNY38. 00

主题词：院校图书馆-图书馆管理-研究-中国

内容提要：本书从图书馆概述，现代图书馆的管理体系、服务管理体系、质量管理体系的建设及研究，现代数字图书馆管理体系、用户教育管理体系、知识管理体系文化管理体系的建设和研究等方面进行阐述。力争在有限的范围内对图书馆管理体系做深入的研究。

077 图书馆情报与文献学研究的新视野 10/中国社会科学情报学会编. 北京：中国书籍出版社，2018. 06—599页：16开. —ISBN978-7-5068-6840-2：CNY128. 00

主题词：情报学-文集-图书馆学-文集

内容提要：本书收入了图书馆、情报和文献学方面的最新研究成果，由理论研究、情报学与文献计量学、数据与图书馆技术、图书馆文献资源建设、用户服务与阅读推广、人才培养与信息行为、图书馆与智库建设、附录八部分组成，每部分都收录了2017年度该领域的精彩论文。

山东省内图书馆馆藏：德州学院 山东大学图书馆 山东青年政治学院图书馆 烟台大学图书馆 青岛农业大学图书馆 青岛大学图书馆 临沂大学图书馆 济南市图书馆

078 且为繁华寄书香：高校图书馆阅读推广理论与实务/刘时容著. —北京：新华出版社，2018. 05. —354页。—ISBN978-7-5166-3821-7：CNY72. 00

主题词：院校图书馆-图书馆服务-研究-中国

内容提要：《且为繁华寄书香》是关于高校图书馆阅读推广理论与实务的学术专著。全书结构宏大而完整、内容充实而有生气。理论上勇于创新，思路开阔、颇有创获；实践上勇于探索，前瞻紧贴应用，有很好的指导价值。特别是关于阅读推广的研究，将农业推广比较成熟的理论、原则、方法、模式引入阅读推广，带来诸多思考和启发。

山东省内图书馆馆藏：德州学院图书馆 山东大学图书馆 山东青年政治学院图书馆 山东师范大学图书馆 滨州学院图书馆 青岛大学图书馆 济宁学院图书馆

079 高校图书馆创新服务实践与指导研究/陈珊珊著. —成都：电子科技大学出版社，2018. 06。—139页：26cm × 19cm。—ISBN978-7-5647-6514-9：CNY38. 00

主题词：院校图书馆-图书馆服务-研究

内容提要：本文为读者展示了高校图书馆在转型过程中的服务工作新特点，在提升高校图书馆科学化服务的质量、创新图书馆服务手段以及指导高校学生阅读方面提出了建议。

山东省内图书馆馆藏：山东大学图书馆

080 阅读 教师生命的一种姿态/周世杰编著. —上海：上海教育出版社，2018. 05。—211页：16开。—ISBN978-7-5444-8316-2：CNY40. 00

主题词：教师-读书活动

内容提要：近年来，学校通过组织群体共读活动，激发教师读书兴趣，开展专业阅读，促进教师发展。本书阐述了对教师专业阅读的认识，并以全校共读一本书为例，展现群体共读活动的推进实践。同时，还呈示了作者读里尔克《给青年诗人的信》的“阅历”-对一本好书，采取反复阅读、批注并撰写读后随想的方式，希望以此为引领，促进教师开展个性化阅读。

081 “大数据环境下图书馆发展的机遇与挑战”论文集/韩彬， 王岗主编。—阳光出版社，2018. 08。—331页. —ISBN978-7-5525-4455-8：CNY88. 00

主题词：图书馆工作-文集

内容提要：本书稿为面向西北五省区图书馆界征集的论文合集，主要分为“图书馆理论与实践”“大数据环境下图书馆服务变革与创新”“西北地方文献与特色文献的保护、开发与利用”三大板块，所收录的文章囊括了文化精准扶贫在图书馆中的应用、数字阅读、家庭阅读、亲子阅读、高校图书馆建设等等，这些文章观点鲜明、层次清晰、结构严谨，论据充分且有实际材料。

山东省内图书馆馆藏：山东大学图书馆

082 新形势下图书馆服务与创新/陈三保编著. —昆明：云南科技出版社，2018. 05. —238页：21CM. —ISBN978-7-5587-1330-9：CNY42. 00

主题词：图书馆服务

内容提要：本书以图书馆服务与创新为主线，以多所图书馆的建设为例，提出图书馆服务与创新的基本方向和模式，同时提出了改进措施和对策。主要介绍了图书馆服务与创新的理论和思路、目前图书馆读者服务现状、针对如何提升服务质量理论进行探讨、图书馆建设概述等内容。

083 大数据环境下高校图书馆阅读推广创新模式研究/周秀玲著. —天津：天津科学技术出版社，2018. 04. —212页。—ISBN978-7-5576-4994-4：CNY30. 00

主题词：院校图书馆-读书活动-研究

内容提要：本书主要研究大数据环境高校图书馆阅读推广活动的影响及模式创新。

084 阅读推广的进展与创新/《图书情报工作》杂志社编. —北京：海洋出版社，2018. 04。—318页：23CM. —名家视点：图书馆学情报学理论与实践系列丛书（第8辑）. —ISBN978-7-5210-0017-7：CNY52. 00

主题词：读书活动-研究-中国

内容提要：本书共分为理论篇、国外篇、实践篇和专题篇四篇。从四个角度深刻分析阅读推广的问题， 并举例说明每个精彩阅读推广的案例。自从阅读列为我国国家发展战略的一部分以后， 全国上下注重月度推广活动， 而图书馆则是最重要的阅读推广基地， 本书收录的材料将会对我国的阅读推广提供理论指导和实践借鉴。

山东省内图书馆馆藏：山东大学图书馆 山东农业大学图书馆 临沂大学图书馆 济宁学院图书馆 德州学院图书馆 青岛酒店管理职业技术学院图书馆 青岛农业大学图书馆 青岛大学图书馆山东大学（威海）图书馆 淄博职业学院图书馆 中共山东省委党校（山东行政学院）图书馆

085 图书馆 让社会更智慧更包容：第九届上海国际图书馆论坛论文集/上海图书馆编。—上海科学技术文献出版社，2018. 10。—464页：26CM. —ISBN978-7-5439-7748-8：CNY180. 00

主题词：图书馆工作-国际学术会议-文集

内容提要：本书主要内容包括：智慧时代与智慧图书馆建设；“互联网

+”时代图书馆转型与创新；图书馆资源建设和知识组织；“图书馆+”与全民阅读推广；图书馆的跨界合作；图书馆中的设计思维等。

山东省内图书馆馆藏：山东青年政治学院图书馆 德州学院图书馆 济南市图书馆

086 网络用户与网络信息服务/初景利主编. —北京：海洋出版社，2018. 03. —321页. —ISBN978-7-5027-9899-4：CNY52. 00

主题词：互联网络-应用-图书馆服务-研究

内容提要：本书是突破传统图书馆的服务内容和服务模式， 以网络用户及其需求为中心， 构建基于网络的新的图书馆服务体系， 体现新的信息环境和信息技术的变化以及用户新的信息需求变化， 充分利用互联网并基于网络开展新型图书馆服务， 构建“融入一线， 嵌入过程”的学科知识服务。

山东省内图书馆馆藏：山东交通学院图书馆 山东大学图书馆 山东农业大学图书馆 烟台大学图书馆 德州学院图书馆 青岛农业大学图书馆青岛大学图书馆 临沂大学图书馆 淄博职业学院图书馆 青岛酒店管理职业技术学院图书馆

087 现代图书馆信息管理及服务研究/马雨佳，于霏，高玉清主编. —北京：九州出版社，2018. 06. —337页：24CM. —ISBN978-7-5108-6256-4：CNY80. 00

主题词：图书馆工作-情报服务-研究-图书馆管理-信息管理-研究

内容提要：本书主要从现代图书馆信息管理及服务的现状出发，对现代图书馆的相关问题作了分析。首先对图书馆信息的采集和加工问题做了研究，并对现代图书馆信息的异化管理问题做了介绍；然后对现代图书馆网络化、个性化、人本化以及图书馆信息管理与服务创新、评价和优化问题做了探析；最后对“微时代”图书馆信息管理与服务的发展、图书馆信息管理与服务体系的构建问题做了介绍。

山东省内图书馆馆藏：山东交通学院图书馆 烟台大学图书馆 滨州学院图书馆 烟台理工学院图书馆

088 影响的焦虑：基于新媒介影响的阅读考察/杨沉著. 安徽师范大学出版

社，2018. 07. —205页：16开. —ISBN978-7-5676-3683-5：CNY42. 00

主题词：传播媒介-影响-读书活动-研究

内容提要：21世纪，什么是阅读？我们该如何阅读？本书给出探索推进全民阅读深入发展得路径，力求为新媒介影响下的阅读画像。

山东省内图书馆馆藏：山东大学图书馆 山东师范大学图书馆 青岛农业大学图书馆 临沂大学图书馆 淄博市图书馆 济南市图书馆

089 大数据时代高校图书馆智慧化学科服务研究/吴爱芝编著. —北京：海洋出版社，2018. 03. —196页：16开. —“北京大学图书馆研究支持服务探索与技术实践”系列丛书. —ISBN978-7-5210-0056-6：CNY48. 00

主题词：院校图书馆-图书情报工作-研究

内容提要：如何借助图书馆的资源与优势提高学科服务的专业性与有效性，是大数据环境下高校图书馆新业务开展与服务转型的重要命题。《大数据时代高校图书馆智慧化学科服务研究北京大学图书馆研究支持服务探索与实践系列丛书》通过系统研究高效图书馆学科服务的理论基础与国内外经验，从目前开展的业务和科研环境变化两个维度分析学科服务调整与优化的必要性与趋势，构筑智慧化学科服务体系，并提出在大数据环境下，高校图书馆如何应对，从而为新时期高校图书馆服务调整与转型升级提供参考依据。

山东省内图书馆馆藏：山东交通学院图书馆 山东大学图书馆 烟台大学图书馆 滨州学院图书馆 青岛农业大学图书馆 青岛大学图书馆 临沂大学图书馆 山东大学（威海）图书馆 济南市图书馆

090 SEO搜索引擎优化/青岛英谷教育科技股份有限公司，枣庄学院编著. —西安：西安电子科技大学出版社，2018. 09. —253页：16开. —高等学校应用型本科创新人才培养计划指定教材. —ISBN978-7-5606-4997-9：CNY40. 00

主题词：搜索引擎—系统最优化

内容提要：本书分为理论篇和实践篇。理论篇共10章， 分别为： 认识搜索引擎、搜索引擎工作原理与搜索指令、SEO概述、SEO准备工作、关键字优化、网站建设优化、网页内容优化、链接优化、搜索引擎优化作弊、百度产品优化。实践篇设计了8个案例，是理论篇内容的延伸与补充，以提高学生的实践能力。

山东省内图书馆馆藏：山东大学图书馆 青岛农业大学图书馆 青岛大学图书馆 临沂大学图书馆 青岛酒店管理职业技术学院图书馆

091 泛在环境下高校智慧图书馆研究/孟银涛编著. —北京：中国农业大学出版社2018. 09. —180页：24CM. —ISBN978-7-5655-2060-0：CNY48. 00

主题词：院校图书馆—图书馆工作—研究

内容提要：本书从智慧地球、智慧城市和智慧校园出发，层层深入，进而引出关于智慧图书馆的研究。主要内容包括：研究了智慧图书馆的基础理论；阐释了智慧图书馆的核心要素——馆员、资源、服务、技术和建筑；针对国内外实践案例进行剖析。

山东省内图书馆馆藏：山东大学图书馆 烟台大学图书馆 临沂大学图书馆 济南市图书馆

092 图书馆移动阅读服务研究/高春玲著. —北京：科学出版社，2018. 04. —194页

ISBN978-7-03-056767-3：CNY68. 00

主题词：图书馆管理-研究

内容提要：本书阐述了移动阅读市场和产业链、移动图书馆服务模式及运行机制、图书馆移动阅读服务以及移动阅读资源类型等。

山东省内图书馆馆藏：山东交通学院图书馆 山东大学图书馆 山东青年政治学院图书馆 齐鲁工业大学图书馆 山东农业大学图书馆 烟台大学图书馆 滨州学院图书馆 山东大学（威海）图书馆 青岛农业大学图书馆 青岛大学图书馆

093 大数据时代的图书馆信息服务模式变革/郭燕平，王锐英主编. —北京：中国建筑工业出版社，2018. 03. —254页：16开. —ISBN978-7-112-21455-6：CNY68. 00

主题词：院校图书馆-图书馆工作-情报服务-研究

内容提要：本书所收录文章是高校图书馆馆员对大数据时代背景下的图书馆工作的理论研究及实践探讨，其中既有985高校馆员在图书馆服务空间再造、增强用户体验方面所开展的创新服务研究，也有211高校馆员在数字资源为王的现阶段对纸本资源建设的理性思考，同时还有其他普通高校馆员在知识信息服务、数字资源建设及评价、信息素养教育、读者阅读行为分析及阅读推广方面的实践总结。并特别收录了全国高职高专院校图书馆馆员在移动图书馆建设、区域图书馆联盟建设、图书馆社会化服务方面的经验之谈及实践案例。

山东省内图书馆馆藏：山东交通学院图书馆 山东农业大学图书馆 烟台大学图书馆 滨州学院图书馆 青岛农业大学图书馆 临沂大学图书馆 山东职业学院图书馆

094 即时通讯环境下高校图书馆服务研究/郭军著. —北京：中国发展出版社，2018. 10. —320页：21cm × 15cm. —ISBN978-7-5177-0502-4：CNY50. 00

主题词：院校图书馆-图书馆服务-研究

内容提要：本书探讨了在即时通讯环境下高校图书馆服务的发展，共十二章，主要内容包括IM概述，高校图书馆概述，高校图书馆创新服务模式研究，IM技术在图书馆中的应用，QQ在高校图书馆中的应用，微信在高校图书馆中的应用，高校图书馆信息服务质量评价，高校图书馆信息服务展望，读者在图书馆的道德规范等。

095 论文科研用户文献信息分析和服务研究/林佳瑜著. —广州：华南理工大学出版社，2018. 11. —172页. —ISBN978-7-5623-5832-9：CNY39. 80

主题词：科技文献—文献检索与利用—研究

内容提要：不同用户群体的科技论文下载和引用的有许多不同的特征，《新传播格局下的科技论文用户研究》通过针对不同科研用户的调查分析发现，科技论文的下载和引用的发生与学者的专业知识水平层次有关。

山东省内图书馆馆藏：山东大学图书馆 济宁学院图书馆

096 高校图书馆与地方文献资源共建共享及传承研究/张豫，范丽娜著. —

北京：中国书籍出版社，2018. 01. —266页：17cm × 24cm. —ISBN978-7-5068-6682-8：CNY64. 00

主题词：院校图书馆-地方文献-资源建设-研究-中国

内容提要：本书对当前环境下高校图书馆的发展情况进行了探讨研究，主要内容包括：高校图书馆认知、高校图书馆管理的理论基础和方法体系、高校图书馆的资源建设与管理、高校图书馆的服务与管理、高校图书馆的人力资源与管理、清华大学图书馆管理实例、大数据环境下高校图书馆的信息安全与管理、高校图书馆地方文献资源的建设、高校图书馆地方文献的数字化建设等。全书内容丰富系统，条理清晰，逻辑严明，语言流畅，时代特征鲜明，理论与实践结合紧密，是一本值得学习研究的著作。

097 图书馆行业中长期战略规划选编 “十三五”时期 上/国家图书馆研究院编. —北京：中央编译出版社，2018. 09. —579页. —ISBN7-5117-3619-2：CNY580. 00

主题词：图书馆工作-规划-汇编-世界

内容提要：《图书馆行业中长期战略规划选编“十三五”时期（套装上中下册）》为上、中、下三编，上编和中编为国内篇，下编为国外篇。其中，上编收录各系统图书馆的国家层面整体发展规划（含全国性行业组织、国家重大文化工程发展规划），以及国家图书馆和各省级公共图书馆的单馆发展规划；中编收录各地方区域性图书馆事业发展规划，以及部分计划单列市公共图书馆、高校图书馆、专业图书馆的单馆发展规划；下编收录部分发达国家的各类型图书馆规划。这些规划融合了国内外图书馆同仁把握历史机遇、应对时代挑战的战略思考和集体智慧，从不同侧面呈现了各地区、各行业图书馆事业发展的趋势、特点。本书系国家图书馆十三五规划文献汇编成果，汇集了全国性重点规划文献，以及包括首都图书馆、天津图书馆、上海图书馆等全国三十多个省级、重要的市级地方图书馆十三五发展规划文献，同时还收集了英法等重要海外国家的图书馆发展规划文献资料，是一部指导、规范和引领全国各级公共图书馆工作的重要文献，具有重要的文献价值和指导作用。

山东省内图书馆馆藏：烟台大学图书馆 临沂大学图书馆

098 图书馆行业中长期战略规划选编 “十三五”时期 中/国家图书馆研究院编. —北京：中央编译出版社，2018. 09. —1000页. —ISBN7-5117-3619-2：CNY 580. 00

主题词：图书馆工作-规划-汇编-世界

内容提要：《图书馆行业中长期战略规划选编“十三五”时期（套装上中下册）》为上、中、下三编，上编和中编为国内篇，下编为国外篇。其中，上编收录各系统图书馆的国家层面整体发展规划（含全国性行业组织、国家重大文化工程发展规划），以及国家图书馆和各省级公共图书馆的单馆发展规划；中编收录各地方区域性图书馆事业发展规划，以及部分计划单列市公共图书馆、高校图书馆、专业图书馆的单馆发展规划；下编收录部分发达国家的各类型图书馆规划。这些规划融合了国内外图书馆同仁把握历史机遇、应对时代挑战的战略思考和集体智慧，从不同侧面呈现了各地区、各行业图书馆事业发展的趋势、特点。本书系国家图书馆十三五规划文献汇编成果，汇集了全国性重点规划文献，以及包括首都图书馆、天津图书馆、上海图书馆等全国三十多个省级、重要的市级地方图书馆十三五发展规划文献，同时还收集了英法等重要海外国家的图书馆发展规划文献资料，是一部指导、规范和引领全国各级公共图书馆工作的重要文献，具有重要的文献价值和指导作用。

099 图书馆行业中长期战略规划选编 “十三五”时期 下/国家图书馆研究院编. —北京：中央编译出版社，2018. 09. —1180页. —ISBN7-5117-3619-2：CNY：580. 00

主题词：图书馆工作-规划-汇编-世界

内容提要：《图书馆行业中长期战略规划选编“十三五”时期（套装上中下册）》为上、中、下三编，上编和中编为国内篇，下编为国外篇。其中，上编收录各系统图书馆的国家层面整体发展规划（含全国性行业组织、国家重大文化工程发展规划），以及国家图书馆和各省级公共图书馆的单馆发展规划；中编收录各地方区域性图书馆事业发展规划，以及部分计划单列市公共图书馆、高校图书馆、专业图书馆的单馆发展规划；下编收录部分发达国家的各类型图书馆规划。这些规划融合了国内外图书馆同仁把握历史机遇、应对时代挑战的战略思考和集体智慧，从不同侧面呈现了各地区、各行业图书馆事业发展的趋势、特点。本书系国家图书馆十三五规划文献汇编成果，汇集了全国性重点规划文献，以及包括首都图书馆、天津图书馆、上海图书馆等全国三十多个省级、重要的市级地方图书馆十三五发展规划文献，同时还收集了英法等重要海外国家的图书馆发展规划文献资料，是一部指导、规范和引领全国各级公共图书馆工作的重要文献，具有重要的文献价值和指导作用。

山东省内图书馆馆藏：烟台大学图书馆

100 现代图书馆图像数据资源建设概论/刘晓辉著. —北京：中国戏剧出版社，2018. 06. —280页：16开. —ISBN978-7-104-04672-1：CNY98. 00

主题词：现代图书馆-图像数据库-研究

内容提要：本书基于信息时代图像信息的特点，适应图书馆图像信息管理化得需要，结合图书馆的科学管理从图像信息的采集、整理、保持、用户服务以及图像部门的业务人力资源管理等方面进行了深刻的探讨。同时对专业图书、古籍图书等特色图书馆的数据库建设和未来发展问题做了研究。

山东省内图书馆馆藏：山东大学图书馆 山东农业大学图书馆 烟台大学图书馆 滨州学院图书馆 青岛农业大学图书馆 临沂大学图书馆 淄博市图书馆 济南市图书馆

101 营口地方文献资源及其管理与开发/宋艳欣著. —沈阳：辽海出版社，2018. 09. —15cm × 21cm. —ISBN978-7-5451-5208-1：CNY32. 00

主题词：地方文献-文献资源建设-研究-营口

内容提要：本书以营口地方文献资源为研究对象，明确提出地方文献是特殊的社会资源，具有稀缺性、可利用性和区域性等特点，并在此基础上系统梳理了营口地方文献资源建设的历史，明确了资源建设中存在的问题，提出了营口地方文献资源建设的策略，强调地方文献资源的开发与利用应以文献资源共建共享为基础，充分发挥地方高校的核心作用，从而推进地方文献资源的有效利用。

102 图书馆核心作用对促进传统文化的阅读推广比较/白瑞明著. —北京：华龄出版社，2018. 12. —ISBN978-7-5169-1390-1：CNY 50. 00

主题词：院校图书馆—读书活动—研究

内容提要：以高校图书馆为研究起点，高校图书馆如何利用图书馆资源优势，通过数字技术与全媒体数字资源图书馆业务的整个过程为主线，结合本地地域文化资源，促进社区文化的良好发展，引领全民阅读担当的责任，在全民阅读社会中高校图书馆责任感和使命感，研究高校图书馆如何融入地方经济发展，促进当地的文化建设。传承传统文化，推动全民阅读，共建书香社会，传承地方文化阅读经典是高校图书馆的时代需求，更是高校图书馆核心价值。

103 图书馆资源管理与档案服务创新/陈越华，何生荣，陈小琴著. —北京：中国纺织出版社，2018. 11. —348页：16开. —ISBN978-7-5180-4234-0：CNY112. 00

主题词：档案工作-情报服务-研究-图书馆管理-研究

内容提要：本书阐述了图书馆资源管理和档案服务工作的基本原理、原则、技术和方法。主要内容图书资料管理与最优化，企事业单位人力资源管理、档案管理工作。本书旨在通过不同的视野和角度重新审视图书馆资源管理和档案服务的基本概念、基础理论和工作方法，既注重对档案管理学理论研究的重新认识和阐述，也注意体现图书馆资源管理和档案服务工作领域中的地方性和民族性；注重结合档案工作案例，突出实践性，对档案管理活动中存在的问题尝试性提出解决思路和方法。

山东省内图书馆馆藏：山东青年政治学院图书馆 山东农业大学图书馆 烟台大学图书馆 滨州学院图书馆 青岛农业大学图书馆 临沂大学图书馆 山东工

业职业学院图书馆 济南市图书馆

104 中国图书馆事业发展报告. “十二五”时期图书馆事业发展卷/韩永进主编. —北京：国家图书馆出版社，2018. 08. —758页. —ISBN7-5013-6456-5：CNY 280. 00

主题词：图书馆事业-研究报告-中国-2011-2015

内容提要：全书分为综述、行业发展报告、地区实践报告、教育与研究报告、附录五部分，从不同角度、不同层面探究我国“十二五”时期图书馆事业的发展脉络。

山东省内图书馆馆藏：山东大学图书馆 青岛农业大学图书馆 济南市图书馆

105 互联网+时代图书馆跨界融合研究/刘玲，齐诚，马楠著. —北京：经济日报出版社，2018. 01. —250页：16开. —ISBN978-7-5196-0216-1：CNY56. 00

主题词：图书馆管理-研究

内容提要：本书主要解读了互联网+对图书馆的影响，分析了互联网+环境下图书馆跨界融合的方向和机制，探讨了互联网+时代，图书馆与互联网新媒体融合环境下，对图书馆的读者服务、资源建设、阅读推广等方面的影响。

山东省内图书馆馆藏：山东青年政治学院图书馆 山东中医药大学图书馆 山东农业大学图书馆 济宁医学院图书馆 烟台大学图书馆 滨州学院图书馆 青岛农业大学图书馆 临沂大学图书馆 济宁学院图书馆 德州职业技术学院图书馆

106 智慧科技与情报服务/谢威主编. —北京：北京邮电大学出版社，2018. 11. —410页：26CM. —科技情报系列丛书. —ISBN978-7-5635-5643-4：CNY66. 00

主题词：科技情报工作—学术会议—文集

内容提要：本论文集是以“智慧科技发展情报服务先行”为主题，挑选北京科学技术情报学会2018年学术年会论文征文优秀作品。入选的论文主要包括：在新时代背景下人工智能等颠覆性技术与实体经济融合研究；大数据环境下人工智能发展趋势研究；智慧科技发展与当今科技领域最前沿的课题探讨等。

山东省内图书馆馆藏：山东农业大学图书馆

107 新时代中国城市图书馆发展/方家忠著. —广州：广东人民出版社，2018. 10. —254页：16开. —ISBN978-7-218-13144-3：CNY49. 00

主题词：世级图书馆-图书馆工作-文集

内容提要：本书共收入作者有关公共图书馆和广州图书馆建设的研究论文20篇，分为三个专题：其一，图书馆发展比较研究，其二，广州图书馆新馆建筑、功能与服务研究，主要就社会转型期图书馆的外部环境和策略、广州图书馆2011—2015年发展规划、社会转型背景下图书馆多元文化服务、图书馆发展规划的效用等问题进行讨论；其三，城市图书馆体系制度设计与管理，主要就当前城市图书馆体系的立法、制度化建设等问题进行分析研究。

山东省内图书馆馆藏：山东大学图书馆 山东青年政治学院图书馆 淄博市图书馆 山东职业学院图书馆 济南市图书馆

108 高校图书馆信息管理与资源建设/王印成，包华，孟文辉著. —北京：经济日报出版社，2018. 05. —192页. —ISBN978-7-5196-0334-2：CNY42. 00

主题词：院校图书馆-信息管理-研究-资源建设

内容提要：本书以高校图书馆文献信息建设为切入点，从文献采购、文献编目、馆藏建设与利用三个方面详细介绍了我国高校图书馆文献信息资源建设的现状、存在的问题及对策，并提出了符合实际、富有前瞻性的各种建设目标、途径和方法，为读者提供了丰富的理论知识和全新的视角，具有很强的可读性和实用性。

109 图书馆营销研究/张娟著. —北京：中国商务出版社，2018. 04. —200页：24CM. —ISBN978-7-5103-2365-2

主题词：图书馆-市场营销学-研究

内容提要：本书的主要内容研究了图书馆中的知识管理与危机管理，主要内容包括：图书馆知识管理概论，图书馆知识管理研究综述及其管理模式探索，图书馆知识管理技术及系统构建，数字时代下的图书馆知识管理与实现，基于服务与创新视角的图书馆知识管理，基于业务实践的图书馆知识管理及案例分析，图书馆危机与危机管理概论，图书馆危机管理体系的构建等。

110 图书馆服务与服务体系研究/刘月学，吴凡，高音主编. —咸阳：西北农林科技大学出版社，2018. 08. —320页. —ISBN7-5683-0492-4：CNY30. 00

主题词：图书馆服务-研究

内容提要：本书重点论述现代图书馆服务体系及其体系的构成，包括文献外借服务、阅览服务、参考咨询服务、用户教育服务等等。

111 高校图书馆建设与校园阅读推广/李永霞，卢胜利编著. —成都：电子科技大学出版社，2018. 04. —167页：24CM. —ISBN978-7-5647-6555-2：CNY20. 00

主题词：院校图书馆-图书馆工作-研究-中国-读书活动

内容提要：本书重点阐述了高校图书馆建设和推广阅读两大部分，旨在更好的使得高校图书馆在学校教学过程中，能够发挥出其重要的作用，使之成为学生学习知识的海洋，能够更好地汲取学习知识。

112 高校图书馆深层次嵌入式学科服务理论与实践/杨静，包海艳，王跃飞主编. —赤峰：内蒙古科学技术出版社，2018. 12. —205页：26CM. —ISBN978-7-5380-3038-9：CNY45. 00

主题词：院校图书馆-图书馆服务-研究

内容提要：本书含理论篇与实践篇，理论篇详述了图书馆学科服务理论概况、图书馆学科服务现状研究、我国医学院校高校图书馆嵌入式学科服务现状等；实践篇论述了学科服务平台理论和实践研究、医学院校图书馆教学参考文献中心系统平台建设实践。

113 大学阅读与图书馆信息服务/赵枫著. —长春：吉林人民出版社，2018. 06. —208页. —ISBN978-7-206-15063-0：CNY35. 00

主题词：大学生-阅读-研究；院校图书馆-图书馆服务-研究

内容提要：本书从多方面论述了大学阅读以及终生阅读的意义和必要性，强调了良好的阅读素养一定要从小培养。并进一步阐述了阅读与思考相结合，泛读与精读相结合才是科学有效的阅读方法。在理论阐述基础上，还介绍了一些日常的读书实践活动和图书馆的阅读服务工作，例证了阅读推广的主要实践方式和成功经验，并对图书馆服务方式和服务内容的创新改革进行了总结。

114 高校图书馆服务工作与采访模式创新研究/于芳著. —吉林出版集团股份有限公司，2018. 06. —236页. —ISBN9787558153013：CNY48. 80

主题词：院校图书馆-图书馆服务-研究

内容提要：本书详细介绍了高校图书馆服务工作与采访模式创新的具体实现方式，为读者展示了高校图书馆在转型过程中的服务工作新特点。

115 互联网+与图书馆/徐岚. —成都：电子科技大学出版社，2018. 01. —237页：32开. —ISBN978-7-5647-5095-4：CNY58. 00

主题词：计算机网络—应用—图书馆管理—研究

内容提要：《互联网+与图书馆》以“互联网+”一般理论为逻辑起点，深入地分析了“互联网+”给图书馆带来的影响和挑战，并从宏观的视角构架了“互联网+”下图书馆顶层设计，对“互联网+”下图书馆的读者服务、读者行为、阅读推广、信息资源建设和图书馆管理等进行了多层面、多视角、多维度的探讨，并提出了自己独特的见解。《互联网+与图书馆》融入了作者二十年来对图书馆的感性认识和理性思考，具有较强的前瞻性、时代性和较高的学术价值。

山东省内图书馆馆藏：山东交通学院图书馆 山东大学图书馆 山东青年政治学院图书馆 聊城大学图书馆 济南大学图书馆 济宁医学院图书馆 烟台大学图书馆 滨州学院图书馆 青岛农业大学图书馆 青岛大学图书馆

116 图书馆的数字人文实现模式研究/宫平著. —沈阳：辽宁大学出版社，2018. 06. —210页：24CM. —ISBN978-7-5610-9322-1：CNY58. 00

主题词：图书馆工作-数字化-模式-研究

内容提要：本书讲述了图书馆的数字人文基本理论问题、图书馆的数字人文实践调查与分析、我国图书馆的数字人文实现策略等。

117 图书馆管理与服务创新研究/谭晓君著. —天津：天津科学技术出版社，2018. 05. —180页. —ISBN978-7-5576-5188-6

主题词：图书馆管理-研究-图书馆服务

内容提要：本书作者以现代图书馆为主题，对现代图书馆的理论知识进行了较为全面的论述。作者通过对于新时代图书馆管理和服务方面出现的一些新的发展形势进行分析，提出了一些新的观点，归纳总结出图书馆管理和服务的新理念，力争能够用现代管理的理论去解决图书馆管理中的实际问题，并对图书馆的服务理念做了较为深入的探讨。

118 全民阅读视野下公共阅读服务体系建设研究/徐同亮，罗娟著. —南京：江苏人民出版社，2018. 04. —230页：24CM. —江苏省社科基金后期资助项目. —ISBN978-7-214-21476-8：CNY38. 00

主题词：图书馆服务-研究-中国-读书活动-研究-中国

内容提要：本书系统研究了“全民阅读视野中的公共阅读服务体系”，探索构建起服务于公共阅读服务体系建构的理论体系。

山东省内图书馆馆藏：烟台大学图书馆

119 “互联网+”环境下高校图书馆发展问题研究/李全华著. —北京：中国商务出版社，2018. 05. —255页：24CM. —ISBN978-7-5103-2397-3

主题词：互联网络-应用-院校图书馆-图书馆工作-研究

内容提要：该论著以互联网+为背景，以问题为切入点，以独特的研究视觉直击互联网+高校图书馆环境下相互关联的六组12个热点问题，通过对六组、12个问题的深入研究与分析，提出了互联网+环境下高校图书馆的发展策略。该论著以互联网+为背景，以问题为切入点，以独特的研究视觉直击互联网+高校图书馆环境下相互关联的六组12个热点问题。通过对六组、12个问题的深入研究与分析，提出了互联网+环境下高校图书馆的发展策略。

山东省内图书馆馆藏：山东农业大学图书馆 济宁医学院图书馆 烟台大学

图书馆

120 高校图书馆管理的创新性研究/陆丹晨著. —石家庄：河北人民出版社，2018. 02. —204页. —ISBN978-7-202-12730-8

主题词：院校图书馆-图书馆管理-研究

内容提要：本书从图书馆发展的角度，针对新时期大学图书馆的功能、职责、管理以及图书馆管员业务素质提高等方面进行探讨。本书的出版对图书馆的改革创新与发展具有一定的借鉴意义。

121 图书馆全民阅读推广实践与探究/于欣田编著. —沈阳：辽宁大学出版社，2018. 06. —252页：24CM. —ISBN978-7-5610-9166-1：CNY58. 00

主题词：图书馆工作-关系-读书活动-研究-中国

内容提要：本书以抚顺市图书馆开展全民阅读推广工作中的实际案例为基础，详细介绍了图书馆开展的各类推广活动从策划准备到组织实施的一系列具体流程，并深入分析各类阅读推广活动取得的效果与存在的不足。

山东省内图书馆馆藏：滨州学院图书馆

122 美国公共图书馆管理与服务/卢家利著. —北京：中国商务出版社，2018. 04. —303页：23CM. —ISBN978-7-5103-2389-8

主题词：公共图书馆-图书馆工作-研究-美国

内容提要：本书主要研究美国公共图书馆在管理与服务方面的新理念、新举措和新趋势。全书一共8章，大都涉及美国公共图书馆的相关政策、理论、工作方法以及典型案例。本书的资料翔实、数据来源可靠；同时还提供了一些较有意义的图片，让读者一睹为快。本书的内容均为各国公共图书馆界比较关注的话题，把相关的工作做好则可以让公共图书馆走上可持续发展的道路。本书可以为关注公共图书馆、学校图书馆以及高校图书馆的发展的人士提供有价值的参考。

山东省内图书馆馆藏：山东农业大学图书馆 济宁医学院图书馆 烟台大学图书馆 滨州学院图书馆 临沂大学图书馆 淄博市图书馆

2017年出版

123 图书馆工作论丛 第6辑/张白影，聂道良主编. —北京：北京理工大学出版社，2017. 12. —319页：26CM. —ISBN978-7-5682-5024-5：CNY89. 00

主题词：图书馆工作-文集

内容提要：本书的内容以新时期搞好图书馆工作为中心， 涵盖了众多的话题： 阅读推广服务、阅读疗法、信息素质教育问题、社区图书馆的服务问题、专业院校图书馆的资源建设问题、高校图书馆与社会图书馆的协同建设问题、多校区高校图书馆管理问题等等。

山东省内图书馆馆藏：山东交通学院图书馆 山东中医药大学图书馆 滨州学院图书馆 青岛农业大学图书馆 青岛大学图书馆 济宁学院图书馆

124 基于用户感知的移动图书馆服务接受与使用行为研究/明均仁著. —武汉：武汉大学出版社，2017. 12. —253页：26CM. —ISBN978-7-307-19942-2

主题词：数字图书馆-图书馆服务-研究

内容提要：本书内容包括： 绪论 ； 用户接受理论基础 ； 移动图书馆用户接受模型构建 ； 对移动图书馆用户接受行为的实证研究 ； 基于用户接受的移动图书馆服务调查与分析以及发展建议； 研究总结与展望。

山东省内图书馆馆藏：山东交通学院图书馆 山东大学图书馆 烟台大学图书馆 青岛农业大学图书馆 济宁学院图书馆 山东大学（威海）图书馆 中共山东省委党校（山东行政学院）图书馆

125 图书馆少儿阅读理论与实践研究/薄楠编著. —天津市：天津科学技术出版社，2017. 04. —98页. —ISBN978-7-5576-2728-7：CNY48. 00

主题词：儿童图书馆-图书馆服务-研究-中国

内容提要：本书在图书馆少儿阅读理论与实践研究的基础上，提出少儿阅读需求问题以及阅读障碍的校正方法。作者以实践经验研究了创新的多元发展理论，以图书馆“同心圆”服务理念为基础，为少儿阅读提供支持与帮助，分别从图书馆在全民阅读中的核心作用以及阅读服务实践、少儿阅读的理论性研究和培养少儿阅读意识、图书馆开展特殊群体阅读服务、读写障碍实践性、图书馆文化创新之初探等方面进行了阐述，更加突出了其实践性与先进性的特点。

126 大学生数字阅读/候壮著. —成都：电子科技大学出版社2017. 05. —183页：16开. —ISBN978-7-5647-4350-5：CNY29. 80

主题词：大学生—电子图书—阅读—研究

内容提要：本书在大学生数字阅读推广工作中的实践研究基础上，分析数字阅读和传统阅读的优缺点和数字阅读对大学生学习生活的影响，引导大学生如何开展有效地数字资源阅读。

山东省内图书馆馆藏：山东大学图书馆 滨州职业学院图书馆 青岛大学图书馆济宁学院图书馆 山东大学（威海）图书馆 枣庄学院图书馆 烟台理工学院图书馆

127 中小型公共图书馆的社会合作与发展/郭斌主编. —北京：朝华出版社. 2017. 12. —389页：29CM. —ISBN978-7-5054-4117-0：CNY26. 00

主题词：中小型图书馆-图书馆工作-中国-文集

内容提要：本书主要内容包括：关于移动互联网时代 中小型图书馆建设的思考、公共图书馆实行总分馆制体系建设模式研究、北京市西城区第一图书馆古籍保护综述等。

128 高校图书馆阅读推广案例精编/陈进，李笑野，郭晶主编. —北京：海洋出版社2017. 01。—460页：16开. —ISBN978-7-5027-9579-9：CNY56. 00

主题词：院校图书馆—读书活动—案例—汇编

内容提要：本书是中国“首届全国高校图书馆阅读推广案例大赛”的案例合集， 精选49个具有典型性和特色的案例， 并把这些案例分为五个部分，形成本案例集。

山东省内图书馆馆藏：山东交通学院图书馆 德州学院图书馆 泰山学院图书馆 山东大学图书馆 济南大学图书馆 齐鲁工业大学图书馆 潍坊医学院图书馆 滨州职业学院图书馆 山东农业大学图书馆 烟台大学图书馆 滨州学院图书馆

129 元数据 用数据的数据管理你的世界/（美）杰弗里·波梅兰茨著. —北京：中信出版社2017. 02. —215页：22CM. —ISBN978-7-5086-7078-2：CNY49. 00

主题词：元数据-研究

内容提要：本书主要内容包括元数据概览、定义元数据、描述性元数据、管理性元数据、使用性元数据、实现元数据的技术、语义网和元数据的未来。如今元数据具有前所未有的地位，企业和组织也非常重视元数据的开发与管理。对每一位互联网公民来说，认识元数据是加深对互联网的认识、辨别互联网上众多信息的必经之路。

山东省内图书馆馆藏：山东理工大学图书馆 山东交通学院图书馆 菏泽学院图书馆 山东大学图书馆 山东师范大学图书馆 济南大学图书馆 潍坊学院图书馆 齐鲁工业大学图书馆 山东中医药大学图书馆 山东农业大学图书馆

130 21世纪的大学图书馆管理 从理念到实践/张奇伟著. —北京：北京师范大学出版社2017. 09. —409页：16开. —ISBN978-7-303-22638-2：CNY78. 00

主题词：院校图书馆-图书馆管理

内容提要：本书探索与研究了在大数据时代下图书馆转型发展中管理理念、创新思路以及实践过程，如何促进图书馆业务与服务的效能提升，来保证图书馆的可持续发展。

山东省内图书馆馆藏：山东大学图书馆 山东农业大学图书馆 德州学院图书馆 滨州学院图书馆 青岛农业大学图书馆 山东大学（威海）图书馆 济南市图书馆

131 移动图书馆云服务研究/魏群义著. —北京：科学出版社2017. 03. —276页. —ISBN978-7-03-052363-1：CNY88. 00

主题词：数字图书馆-图书馆服务-研究

内容提要：本书深入分析了了国内外移动图书馆的理论研究与实践应用现状，并对移动服务的用户体验和有效性进行调研。结合当前云服务系统存在的问题和不足，提出了移动图书馆云服务体系架构。

山东省内图书馆馆藏：山东理工大学图书馆 山东大学图书馆山东师范大学图书馆 德州学院图书馆 聊城大学图书馆 潍坊医学院图书馆 山东农业大学图书馆 烟台大学图书馆 青岛农业大学图书馆 滨州学院图书馆 中国石油大学（华东）图书馆

132 自媒体时代下大学生自我更新机理及路径研究/缪勇著. —北京：光明日报出版社2017. 05. —192页. —ISBN978-7-5194-1625-6：CNY40. 00

主题词：大学生-信息素养-教育研究

内容提要：本书主要内容包括：走进自媒体时代、自媒体时代下大学生现状掠影、认识大学生的自我更新现象、自媒体时代影响大学生自我更新的主要因素、当代大学生我更新的主要途径等。

山东省内图书馆馆藏：山东理工大学图书馆 烟台大学图书馆 滨州学院图书馆 济宁学院图书馆 枣庄学院图书馆 烟台理工学院图书馆

133 城市图书馆项目化管理研究：佛山市图书馆“项目立馆”理论与实践/杨玉麟，谷秀洁，赵冰，苟欢迎著. —广州：中山大学出版社2017. 06. —277页. —佛山市创建国家公共文化服务体系示范区研究丛书—ISBN978-7-306-06059-4：CNY58. 00

主题词：市级图书馆-图书馆管理-研究-佛山

内容提要：本书以组织级项目管理理论为基础，探讨了矩阵结构、图书馆日常运作项目化等核心问题，结合图书馆业务特征设计了由战略、运作、项目和文化4个维度5个层级构成的图书馆项目化管理成熟度评估框架，并以佛山市图书馆项目立馆为例，分析了组织级项目管理的必备要素，描述和分析了职能管理和项目管理并行环境下遇到的难点，坦诚面对困难，提出破解思路，供图书馆同仁参考。

山东省内图书馆馆藏：山东交通学院图书馆 滨州学院图书馆 淄博市图书馆 济南市图书馆

134 高校学生图书馆利用指导教程/孙秀斌，田会明，李洪伟主编. —黑龙江大学出版社2017. 08. —305页. —ISBN7-5686-0177-1：CNY54. 00

主题词：院校图书馆–图书馆利用–高等学校–教材

内容提要：本书内容包括：绪论、高校图书馆、高校图书馆工作概述、高校图书馆服务创新、书目信息检索、常用数字资源检索、国外著名检索工具、怎样利用图书馆撰写学位论文、文明利用图书馆。

山东省内图书馆馆藏：山东大学图书馆山东农业大学图书馆 滨州学院图书馆 青岛酒店管理职业技术学院图书馆 山东青年政治学院图书馆 山东职业学院图书馆 济南市图书馆

135 信息组织/周宁主编. —武汉：武汉大学出版社2017. 09. —490页：24CM. —高等学校信息管理学专业系列教材. —ISBN978-7-307-19668-1：CNY58. 00

主题词：信息组织–高等学校

内容提要：本教材系统而全面地论述了新时代信息组织的基本理论、基础知识、基本技术和实现方法。

山东省内图书馆馆藏：山东大学图书馆 烟台大学图书馆 青岛农业大学图书馆

136 移动数字图书馆：和知识一起运动/张戌昱，张蓓，远红亮，王茜著. —北京：清华大学出版社2017. 10. —235页：16开. —ISBN978-7-302-44485-5：CNY69. 00

主题词：数字图书馆–研究

内容提要：本书共分为10章，内容包括：绪论，移动图书馆研究历史和发展现状， 移动图书馆相关基础技术， 构建移动图书馆的理念和策略， 移动图书馆系统设计和实现，移动图书馆资源与服务。到云中去：多终端的用户环境， 移动图书馆用户体验与可用性设计，智能问答服务的社区推送和移动化， 移动图书馆的创新应用案例。

山东省内图书馆馆藏：山东大学图书馆 山东大学（威海）图书馆 山东中医药大学图书馆 烟台大学图书馆 滨州学院图书馆 青岛农业大学图书馆 青岛大学图书馆 济宁学院图书馆

137 现代信息查询与利用（第4版）/赵静编著. —北京：科学出版社2017. 08. —227页：16开. —普通高等教育. —ISBN978-7-03-053388-3：CNY38. 00

主题词：信息检索—高等学校—教材

内容提要：本书由意识观念篇、渠道工具篇、应用方法篇、创新利用篇四部分构成，从观念、知识、工具、方法、利用五个层面夯实查询获取信息、评价筛选信息、保存管理信息、交流共享信息、分析创新信息五类能力培养，形成面向公共普识教与学的科学方法体系。

山东省内图书馆馆藏：山东农业大学图书馆 济宁学院图书馆 淄博职业学院图书馆 烟台理工学院图书馆

138 中小学图书馆建设实践与阅读推广/王鸿飞著. —广州：广东教育出版社2017. 03. —234页：16开. —ISBN978-7-5548-1389-8：CNY56. 00

主题词：中小学—学校图书馆—图书馆工作—研究

内容提要：本文对我国中小学图书馆的发展历程进行了梳理，对国内外中小学图书馆的建设理论依据和相关标准就行了整合，探索出如何做好中小学图书馆的建设与管理，并对中小学图书馆如何开展阅读推广与宣传活动进行了阐述和整理归纳，并给出一些典型案例。

139 民族高校图书馆文献信息检索与利用/张晓彤主编；王云超，石丽丽副主编. —兰州：甘肃文化出版社，2017. 08. —316页：26CM. —ISBN978-7-5490-1428-6：CNY 49. 00

主题词：民族学院

内容提要：本书从民族院校信息素养教育实际出发， 探索了一些切实可行、适合少数民族大学生信息素质教育的教学理论与实践经验。本书旨在帮助大学生重新认识图书馆， 学习利用图书馆的方法和手段。

140 图书馆、情报与文献学研究的新视野 中国社会科学情报学会2016年学术年会暨学会成立三十周年大会论文集 9 No. 9/中国社会科学情报学会编. —北京：中国书籍出版社，2017. 05. —572页：24CM. —ISBN978-7-5068-6148-9：CNY128. 00

主题词：图书馆学-文集

内容提要：本书是中国社会科学情报学会2016年学术年会暨学会成立三十周年大会论文集，收入了图书馆、情报和文献学方面的最新研究成果，由理论研究、信息组织、资源建设、文献信息服务、用户研究与人才培养、网络与媒体研究共八部分组成。

山东省内图书馆馆藏：山东理工大学图书馆 山东交通学院图书馆 山东大学图书馆 滨州学院图书馆 青岛农业大学图书馆 青岛大学图书馆 枣庄学院图书馆 德州职业技术学院图书馆 淄博职业学院图书馆 菏泽医学专科学校图书馆

141 甘肃图书馆地方文献工作述论/甘肃省图书馆编. —兰州：甘肃人民出版社，2017. 03. —344页：16开. —ISBN978-7-226-05114-6：CNY68. 00

主题词：地方文献-文献工作-甘肃-文集

内容提要：《甘肃图书馆地方文献工作述论》是一部文集。收集了甘肃省省级、市级、县级37个公共图书馆和4个高校图书馆撰写的四十几篇有关地方文献工作论文，内容包括图书馆历史沿革、地方文献资源建设、目录编辑、参考咨询、特色文献介绍、特色资源数据库建设、今后发展方向等。包含甘肃省图书馆西北地方文献工作概述、兰州市图书馆地方文献工作及特色资源概况、白银市图书馆地方文献概况及特色资源的开发建设、白银市图书馆地方文献特色资源建设及开发利用等。

142 自信 和谐 共建：中国西部公共图书馆联合会第4届（2017）年会暨学术研讨会论文集/杜文平主编. —北京：朝华出版社，2017. 10. —392页：29CM. —ISBN978-7-5054-4104-0：CNY128. 00

主题词：公共图书馆—图书馆工作—中国—学术会议—文集

内容提要：本书是中国西部公共图书馆联合会第四届年会研讨会论文成果的汇编，收录论文133篇。论文内容既有贴合“一带一路”“全民阅读”“互联网+”“大数据”等热点的图书馆创新服务研究，也有图书馆界恒久的馆藏特色的文献资源建设与保护，图书馆总分馆制，图书馆评估体系，馆际交流与合作，馆员能力培养等主题，兼具时代与地域、理论与实践特征。

山东省内图书馆馆藏：淄博职业学院图书馆

143 千载芸香 城关图书典籍溯源/张其遵著. —兰州：甘肃文化出版社，2017. 05. . —298页：16开. —兰州市城关区历史文化丛书. —ISBN978-7-5490-1339-5：CNY42. 00

主题词：图书馆学史—兰州

内容提要：城关地区历史悠久，清代后，城关因地理、区位优势得天独厚，无论政治经济还是历史文化均备受瞩目，曾经一度成为甘、宁、青、新的核心区域。民国时期，兰州市基本上在今城关区范围以内，而且兰州市、皋兰县曾同治于今城关区。新中国成立后，行政区划几经调整，于1955年正式设立城关区。经过几十年的发展，城关区旧貌换新颜，变化翻天覆地，全省、全市中心城区的位置更加突出。本书以城关地区珍贵图书典籍、书画流传的收藏来源为脉络， 将其沿革渊源、收藏利用、书人书事为蓝本， 追溯图书典籍的传承和发展历程。内容包括： 寺院藏书 ； 书院、学堂藏书 ； 家藏图书与民间图书馆 ； 甘肃省图书馆的前世今生等。

144 图书馆工作四十四年/霍灿如著. —黑龙江大学出版社，2017. 04. —449页. —ISBN7-5686-0094-1：CNY58. 00

主题词：图书馆工作-文集

内容提要：本书是作者从事图书馆工作四十四年经历的展现，分为《工作经历篇》和《发表论文篇》两大部分，展现了一个图书馆人的成长足迹和奋斗历史。

山东省内图书馆馆藏：山东交通学院图书馆 山东青年政治学院图书馆 滨州学院图书馆 烟台理工学院图书馆

145 晚清民初藏书楼资料汇编/田青著. —长春：吉林人民出版社，2017. 11. —ISBN978-7-206-14560-5：CNY36. 00

内容提要：本书主要收集晚清民国报刊中关于藏书楼报道的资料，包括各种文字、图片报道。“晚清”这个历史时间概念，在本书中主要是指1815

年到1949年的报刊，即以第一份报纸《察世俗每月统计传》作为本书研究的起点，直到中华人民共和国建立前夕这段时期的报刊为本书考察的对象。其主要集中于1898年维新变法创办京师大学堂后出现的具有现代性的高校图书馆，至1919年前后全国各高校及地方所建图书馆基本完备，具备了现代图书馆的职能。但由于历史原因，到新中国成立前图书馆的整合、流变又出现一些了新的问题，故也将其纳入研究范畴之中。

146 信息服务实践与应用/钟新春，赵世华主编. —北京：北京邮电大学出版社，2017. 06. —347页：26CM—ISBN978-7-5635-5118-7：CNY98. 00

主题词：图书馆工作-情报工作-文集

内容提要：本书介绍了网络环境下图书馆信息服务的主要特点及应用。

山东省内图书馆馆藏：潍坊医学院图书馆 山东农业大学图书馆

147 大数据时代的信息素养教育理论与实践/陈晓红著. —成都：西南交通大学出版社，2017. 08. —151页：32开. —ISBN978-7-5643-5670-5：CNY38. 00

主题词：信息素养-信息教育

内容提要：陈晓红著的《大数据时代的信息素养教育理论与实践》回顾了信息素养教育的历程，包括信息素养教育的发展阶段、教学模式和教育体系的演变，并对大数据时代影响信息素养教育发展的教学理论进行了较为全面的梳理。本书以近期新的理论和实践研究为基础，探讨了信息素养教育的多种教学模式、教学方法以及教育体系。书中不仅介绍了既有的相关教学模式、教学方法的理论渊源及发展前景，而且对未来信息素养教育教学模式、教学体系的构建做出了阐释，对其使用做了明确的、具体的实践指导。本书可作为高等院校图书馆信息素养教育工作者提升自身理论水平和实践能力的参考书。

山东省内图书馆馆藏：山东大学图书馆 济南大学图书馆 青岛农业大学图书馆

148 阅读推广人系列教材 第2辑 中国阅读的历史与传统/王余光，霍瑞娟，熊静，何官峰著. —北京：朝华出版社，2017. 04. —212页：16开. —阅读

推广人系列教材. —ISBN7–5054–3876–7

主题词：读书活动–中国–教材

内容提要：本书梳理了中国阅读史的研究资料，阐述了中国阅读历史的变迁，总结了中国传统的阅读精神和方法。

山东省内图书馆馆藏：山东理工大学图书馆 山东大学图书馆 烟台大学图书馆 滨州学院图书馆 青岛农业大学图书馆 临沂大学图书馆 济宁学院图书馆 山东大学（威海）图书馆 菏泽医学专科学校图书馆 济南市图书馆

149 阅读推广人系列教材 第2辑 大学图书馆阅读推广/王余光，霍瑞娟著. —北京：朝华出版社，2017. 07. —279页. —阅读推广人系列教材. —ISBN978–7–5054–4023–4：CNY39. 80

主题词：院校图书馆–读书活动–教材

内容提要：本书重点介绍了大学图书馆阅读推广活动的意义、筹备策划工作以及读书会的培育工作。以便帮助广大读者掌握大学图书馆的阅读推广活动。

山东省内图书馆馆藏：山东大学图书馆 山东青年政治学院图书馆济宁医学院图书馆 滨州学院图书馆 青岛农业大学图书馆 青岛大学图书馆 临沂大学图书馆 济宁学院图书馆 淄博职业学院图书馆 山东外贸职业学院图书馆

150 阅读推广人系列教材 第2辑 图书馆讲坛工作/王余光，霍瑞娟著. —北京：朝华出版社，2017. 07. —220页. —阅读推广人系列教材. —ISBN978–7–5054–4021–0：CNY39. 80

内容提要：本书以公共图书馆的讲座的设计和组织为切入点，重点介绍了公共图书馆讲座活动的历史、专业设计、资源组织、活动宣传的工作方法以及讲座主持人、衍生产品的培育。本书作者均为工作在图书馆一线的工作人员，具有丰富的讲座运作经验，其阐述的内容深入浅出，能够使读者能够迅速入门，提高自己的工作能力，帮助读者在阅读推广，提高全民素质方面，发挥出其应有的作用。

山东省内图书馆馆藏：山东大学图书馆 滨州学院图书馆 青岛农业大学图

书馆 临沂大学图书馆 济宁学院图书馆 山东大学（威海）图书馆 枣庄学院图书馆淄博职业学院图书馆 济南市图书馆 烟台理工学院图书馆

151 阅读推广人系列教材 第2辑 图书馆家庭阅读推广/王余光，霍瑞娟总主编；张岩主编；肖容梅，师丽梅副主编. —北京：朝华出版社，2017. 07. —228页. —阅读推广人系列教材. —ISBN978-7-5054-4024-1：CNY39. 80

主题词：图书馆-读书活动-教材

内容提要：本书主要面向家庭阅读推广人的普及性读物，主要内容分为两大部分：第一部分为家庭阅读传统与文化；第二部分侧重图书馆家庭阅读推广。

山东省内图书馆馆藏：山东理工大学图书馆 济宁医学院图书馆 滨州学院图书馆 青岛农业大学图书馆 临沂大学图书馆 济宁学院图书馆 淄博职业学院图书馆 济南市图书馆 烟台理工学院图书馆

152 图书馆信息平台的理论基础与技术开发/隋春荣，刘华卿著. —成都：电子科技大学出版社，2017. 06. —293页. —ISBN978-7-5647-4627-8

主题词：图书馆工作-情报服务-研究

内容提要：本书分析和探讨了图书馆信息服务集成平台的建设中的问题和关键技术，给出了图书馆信息服务集成平台的方法和手段。

山东省内图书馆馆藏：山东交通学院图书馆 济宁医学院图书馆 烟台大学图书馆 临沂大学图书馆 淄博市图书馆

153 公共图书馆儿童读者活动理论与实务/薛天著. —长沙：湖南大学出版社，2017. 04. —185页. —ISBN978-7-5667-1278-3：CNY：38. 00

主题词：公共图书馆-少年儿童-读者服务-研究

内容提要：概述了儿童、儿童读者及儿童读者活动的基本概念、特点；将儿童读者活动进行归类，展示各类活动的内在特性；列举组织活动时的原则及应该注意的问题；介绍活动操作方法。为方便读者理解和把握书中的内容，在书稿相应位置插入了与表述内容相关的案例、链接、模版、图表、图片等。

山东省内图书馆馆藏：淄博市图书馆 潍坊市图书馆 济南市图书馆

15421世纪美国高校图书馆管理与服务/卢家利著. —桂林：漓江出版社，2017. 09. —371页. —ISBN7-5407-8144-0：CNY75. 00

主题词：院校图书馆-图书馆工作-研究-美国

内容提要：本书比较详尽地介绍了当前美国高校图书馆在管理与服务方面的新思维、新方法、新经验，重点围绕美国高校图书馆的创客空间建设、学习中心管理、营销计划制定、志愿者管理、社会募捐活动、“一书一校园”阅读推广、“深入社区”计划培训、馆员职业能力培训、嵌入式教学服务、绿色图书馆建设等多个方面进行论述。

山东省内图书馆馆藏：临沂大学图书馆

155 信息检索无处不在/王宏波. —天津：天津科技翻译出版公司，2017. 08. —128页. —ISBN978-7-5433-3709-1

主题词：互联网络—应用—信息检索—研究

内容提要：《信息检索无处不在》一书是以科普为目的，适应时下推崇的泛在化学习、终身学习的理念，以互联网＋为背景，结合百姓生活中的实际案例，首先从信息的基本理论讲起，继而引入信息检索的相关内容，包括信息检索的由来、发展、技术、方法、语言及评价标准，信息检索各类工具及其特点比较，然后分别从生活推荐、购物休闲、个人优化三个实践角度分类介绍具体信息的检索途径和方法，讲述如何快速掌握利用各种检索工具去查找所需资源，让信息海洋中的大海捞针变得易如反掌，逐步培养个人信息素养，提高生活、学习、工作乃至科研的效率，编写内容尽量满足不同年龄、不同层次人群的学习需求，通过大量的实例和图片，深入浅出的将信息检索融入日常生活。另外，除了注重培养迅速获取和筛选信息的能力之外，还特别增加了准确鉴别信息真伪、加工处理信息能力的部分，使用户在过量信息充斥的环境下能够保持清醒的判断，不被虚假信息蒙蔽，积极发挥信息检索的正向作用。

山东省内图书馆馆藏：山东大学图书馆 济宁学院图书馆

156 现代图书馆资源管理与推广服务/夏春红，于刚，印重主编. —北京：北京理工大学出版社，2017. 06. —200页：16开. —ISBN978-7-5682-0490-3：CNY68. 00

主题词：图书馆服务-中国-研究

内容提要：本书概括介绍了图书馆的内涵、类型，图书馆资源管理目标。

山东省内图书馆馆藏：山东理工大学图书馆 山东交通学院图书馆 山东大学图书馆 济南大学图书馆 山东农业大学图书馆 济宁医学院图书馆 烟台大学图书馆 滨州学院图书馆 青岛农业大学图书馆 青岛大学图书馆

157 网络信息保存保护体系建设研究/陈清文著. —杭州：浙江工商大学出版社，2017. 12. —191页：16开. —SBN978-7-5178-2419-0

主题词：网络信息资源-资源保护-研究

内容提要：本书从整体上深入探讨了网络信息资源保存的采集策略、技术手段、法律框架、经济问题、管理策略等问题，并对如何改进我国网络信息资源保存能力提出了具体的建议。

山东省内图书馆馆藏：济宁医学院图书馆 烟台大学图书馆 滨州学院图书馆 青岛农业大学图书馆 烟台理工学院图书馆

158 大数据时代高校图书馆信息服务创新艺术研究/辛海霞著. —长春：吉林美术出版社，2017. 08. 300y页. —ISBN978-7-5575-2999-4：CNY50. 00

主题词：院校图书馆-图书馆工作-情报服务-研究

内容提要：大数据对传统的图书馆移动服务带来了巨大的挑战，这种挑战是用户、数据、服务模式、检索方式等方方面面的，但是，机遇与挑战并存。本书从数据整合、服务门户等方面，对大数据下的图书馆移动服务创新从美学的角度进行论述说明。全书图文并茂，内容生动形象，希望能对高校图书馆信息服务的创新有所帮助。

159 公共图书馆未成年人阅读推广/徐双定，陈淑霞，张雪梅编著. —甘肃人民出版社，2017. 12. —342页：16开. —ISBN978-7-226-05206-8：CNY68. 00

主题词：公共图书馆-少年儿童-读书活动

内容提要：《公共图书馆未成年人阅读推广》是一部专著。阐述了未成年人阅读的一些理论、方法，概述了目前我国公共图书馆未成年人阅读服务工作的服务理念、发展思路、工作方法。并且对我国各级各类公共图书馆广泛开展的未成年人阅读推广活动，特别是甘肃省图书馆的阅读推广活动案例进行搜集、整理，加以分析总结，以便今后工作借鉴。

山东省内图书馆馆藏：滨州学院图书馆

2016年出版

160 给阅读一点时间 我们时代的阅读迷思/吴靖著.—上海：上海大学出版社2016.05.—212页：21CM.—ISBN978-7-5671-2230-7：CNY25.00

主题词：阅读-研究-中国

内容提要：本书分为：当我们谈论阅读时我们在谈论什么、不能承受的阅读之殇、网络阅读： 或止于浏览、教育之痛：阅读兴趣是如何被扼杀的、国民阅读的余思五部分。主要内容有： 阅读还是反阅读， 这是个问题、与狄俄尼索斯喝一杯等。

山东省内图书馆馆藏：山东理工大学图书馆 泰山学院图书馆 山东省图书馆 聊城大学图书馆 烟台大学图书馆 青岛农业大学图书馆 临沂大学图书馆 山东财经大学图书馆 烟台理工学院图书馆

161 云时代的图书馆新理论与新技术/卜冬菊，王露壮，沈毅等编著.—长春：吉林人民出版社2016.12.—181页.—ISBN978-7-206-13375-6：CNY30.00

主题词：图书馆学-研究

内容提要：本书从理论研究、技术支撑、服务模式、应用研究等多角度出发，深入阐述近10年来图书馆新理论、新技术的引入、发展及趋势，探讨云数据时代图书馆新型服务模式的变革，通过对新理论和新技术在各级各类图书馆的应用效果研究，对应用过程中发现的问题进行了全面的剖析，并针对相应问题提出了改善图书馆服务的对策。

162 建设数字化时代的特色图书馆：2015第7届中美图书馆实务论坛文集/祁苑红主编. —昆明：云南大学出版社2016. 07. —604页. —保山学院地方文献建设丛书. —ISBN7-5482-2706-9：CNY117. 00

主题词：院校图书馆-图书馆工作-文集-汉、英

内容提要：本书为2015年第七届中美图书馆实务论坛论文集汇编，全书集了100多篇论文。论文主要为云南省各大高校等图书馆研究，少部分为国外图书馆研究。本论文集分六个专题，具体为：专家论文、特色资源、民族地方高校图书馆、滇西抗战文献专题、特色服务、特色发展。各专题从国外图书馆的数字化建设、滇西抗战文献的收集整理、地方特色资源数据库建设、网络环境下的特色服务、新时代下图书馆转型等方面论述了当前数字化时代特色图书馆的建设。

山东省内图书馆馆藏：济南大学图书馆 滨州学院图书馆

163 创业、创新与科技情报发展/谢威主编. —北京：北京邮电大学出版社2016. 11. —386页. —科技情报系列丛书. —ISBN7-5635-4971-9：CNY56. 00

主题词：科技情报工作-研究

内容提要：北京科学技术情报学会组织专家基于“创业、创新与科技情报发展”的主题征集论文，在其中精心挑选出了56篇具有较高学术或应用价值的论文汇集成了本文集。

山东省内图书馆馆藏：山东理工大学图书馆 潍坊学院图书馆 山东农业大学图书馆 青岛大学图书馆

164 交流·合作·发展：中国西部公共图书馆联合会第3届年会暨学术讨论会论文集/王海山主编. —北京：朝华出版社2016. 09. —322页：29CM. —ISBN7-5054-3841-5：CNY128. 00

主题词：公共图书馆-图书馆工作-中国-学术会议-文集

内容提要：本书收录了中国西部公共图书馆联合会第三届年会所征集到的百余篇学术论文，内容紧随国家文化强国战略和全民阅读的政策导向，涉及公共图书馆服务体系建设、特色馆藏建设、地方文献建设、图书馆学研

究、新技术应用等领域。

山东省内图书馆馆藏：淄博职业学院图书馆

165 归来拂尘集 陈力自选集/陈力著. —上海：上海科学技术文献出版社2016. 10. —577页：21CM. —中国当代图书馆馆长文库. —ISBN7-5439-7138-7：CNY88. 00

主题词：图书馆工作-文集

内容提要：本书收录了关于文献学、历史学和图书馆工作研究论文24篇、全国政协会议提案及会议发言32份以及杂文7篇。其内容包括：文史论集；图书馆学论集；微信集等。

山东省内图书馆馆藏：山东交通学院图书馆 山东大学图书馆 青岛大学图书馆 山东中医药大学图书馆 滨州学院图书馆 德州学院图书馆 青岛农业大学图书馆枣庄学院图书馆 潍坊市图书馆 济南市图书馆 中共山东省委党校（山东行政学院）图书馆

166 新环境下图书馆用户信息行为/《图书情报工作》杂志社编. —北京：海洋出版社2016. 03. —368页：23CM. —图书馆学 情报学 理论与实践系列丛书. —ISBN978-7-5027-9352-4：CNY48. 00

主题词：图书馆工作-读者服务-研究

内容提要：本书共分为专题篇、网络篇、服务篇、综述篇四篇。

山东省内图书馆馆藏：山东理工大学图书馆 山东交通学院图书馆 德州学院图书馆 泰山学院图书馆 山东大学图书馆 山东青年政治学院图书馆 山东省图书馆 山东农业大学图书馆 青岛科技大学图书馆 烟台大学图书馆 滨州学院图书馆

167 数字图书馆发展趋势研究报告/刘小琴，吴建中主编. —上海：上海科学技术文献出版社2016. 05. —255页. —ISBN978-7-5439-7029-8：CNY68. 00

主题词：数字图书馆-研究报告-中国

内容提要：本书内容是国家图书馆、上海图书馆、北等国内图书馆的“十三五”数字图书馆建设情况介绍，全书分上编和下编两部分。上编内容注重理论研究，包含上海图书馆上海科学技术情报研究所“十三五”数字图书馆建设思路等等，下编注重实践，内容有：文津津梁，资源尽享；中国高等教育数字图书馆的发展与创新，等等。

山东省内图书馆馆藏：山东理工大学图书馆 山东大学图书馆 山东交通学院图书馆 德州学院图书馆 泰山学院图书馆聊城大学图书馆 济南职业学院图书馆 山东农业大学图书馆 烟台大学图书馆 滨州学院图书馆

168 首届安徽省高校图书馆服务创新大赛案例汇编/储节旺主编. —合肥：中国科学技术大学出版社2016. 10. —184页. —ISBN7-312-03904-1：CNY38. 00

主题词：院校图书馆-图书馆服务-案例-安徽省

内容提要：本书共收录了首届安徽省高校图书馆服务创新大赛进入决赛的27所图书馆的38个服务创新案例，按内容划分为“空间营造”“阅读推广”“文化建设”三个板块，每个板块中的案例依获奖名次的顺序排列。这些案例凝聚着图书馆馆员们的聪明才智，旨在为图书馆馆员自主创新提供典范。该书可作为图书馆馆员业务学习用书，也可用作图书情报专业学生实务型课程的参考书。

山东省内图书馆馆藏：山东理工大学图书馆 德州学院图书馆 山东大学图书馆 临沂大学图书馆 淄博职业学院图书馆

169 学术型大学图书馆的建设与发展/马继刚主编. —成都：四川大学出版社2016. 06

ISBN7-5614-9569-5. —311页. —ISBN978-7-5614-9569-8：CNY46. 00

主题词：院校图书馆-资源建设-研究

内容提要：本书收录论文50余篇。分别从图书馆科学管理、图书馆现代技术、文献资源建设、读者服务、信息开发利用等各个方面， 研讨学术型大学图书馆如何进一步改革创新的相关理论和实践问题。

山东省内图书馆馆藏：山东大学图书馆 德州学院图书馆 滨州学院图书馆 中国石油大学（华东）图书馆 青岛农业大学图书馆 山东大学（威海）图书馆 菏泽医学专科学校图书馆 烟台理工学院图书馆

170中国图书馆年鉴 2015/中国图书馆学会，国家图书馆编. —北京：国家图书馆出版社2016. 03. —564页：30CM. —ISBN978-7-5013-5782-6：CNY340. 00

主题词：图书馆事业-中国-2015-年鉴

内容提要：本年鉴反映了中国图书馆事业2015年度发展状况。

山东省内图书馆馆藏：山东理工大学图书馆 德州学院图书馆 山东青年政治学院图书馆 山东省图书馆 齐鲁工业大学图书馆 山东中医药大学图书馆 山东农业大学图书馆 济宁医学院图书馆 滨州学院图书馆 中国石油大学（华东）图书馆 青岛酒店管理职业技术学院图书馆

171 图书馆移动服务模式研究/李菲著. —北京：科学出版社2016. 04. —193页. —ISBN7-03-047651-7：CNY68. 00

主题词：图书馆服务-服务模式-研究

内容提要：本书主要包括：图书馆移动服务现状、相关概念与理论基础、图书馆移动服务内涵与机制、图书馆移动服务需求定位、图书馆移动服务主体模式构建等。

山东省内图书馆馆藏：德州学院图书馆 泰山学院图书馆 山东大学图书馆 山东省图书馆 山东师范大学图书馆 山东体育学院图书馆 潍坊医学院图书馆 山东中医药大学图书馆 山东农业大学图书馆 济宁医学院图书馆 烟台大学图书馆

172 图书馆：社会发展的助推器：第八届上海国际图书馆论坛论文集/上海图书馆编. —上海：上海科学技术文献出版社2016. 06. —442页. —ISBN978-7-5439-7063-2：CNY180. 00

主题词：图书馆工作-文集

内容提要：本书主要内容包括：智慧型图书馆建设、大数据时代图书馆的“互联网+”服务、公共数字文化服务等内容。

山东省内图书馆馆藏：山东理工大学图书馆 泰山学院图书馆 山东省图书馆 济宁医学院图书馆 滨州学院图书馆 枣庄学院图书馆 淄博职业学院图书馆

173 图书馆工作论丛 第5辑/张白影主编. —汕头：汕头大学出版社2016.

04. —286页. —ISBN978-7-5658-2595-8：CNY38. 00

主题词：图书馆工作-文集

内容提要：本论文集系广东省图书文化信息协会2014年度科研立项成果汇编。选题均能切合图书资料档案文献事业发展创新建设的时代主题。题材涉及当代图书馆事业建设理论与实践的多方面内容，包括图书馆资源建设、图书馆服务模式探讨、图书馆的管理与效益评估、图书馆人才队伍建设等。

174 图书馆合作创新与发展. 2016年卷/广州市图书馆学会等主编. —广州：暨南大学出版社2016. 11. —286页. —现代图书馆研究系列 . —ISBN7-5668-1974-1：CNY50. 00

主题词：图书馆工作—研究

内容提要：本书精选五十篇从广州、佛山等六地征文中选取的质量较高的论文， 引入公共文化建设的新思维、新理念， 分别从图书馆管理与服务创新、数字资源与信息技术、未成年人阅读推广及其他图书馆业务问题等方面进行深入探讨。

山东省内图书馆馆藏：山东理工大学图书馆 山东青年政治学院图书馆 滨州学院图书馆 青岛农业大学图书馆 青岛大学图书馆 淄博职业学院图书馆潍坊市图书馆

175 大学城图书馆联盟建设新模式研究/詹庆东著. —北京：海洋出版社2016. 06. —268页：23CM. —ISBN978-7-5027-9365-4：CNY52. 00

主题词：院校图书馆-资源建设-研究

内容提要：本书分为大学城图书馆联盟建设全景扫描、Fulink建设沿革、Fulink云平台建设、Fulink网络建设、Fulink资源共建、电子资源整合与共享、纸质资源和场所的共享、跨越时空的共享：移动图书馆联盟等。

山东省内图书馆馆藏：山东理工大学图书馆 山东交通学院图书馆 泰山学院图书馆 山东大学图书馆 山东青年政治学院图书馆 山东师范大学图书馆 山东农业大学图书馆 烟台大学图书馆 滨州学院图书馆山东省图书馆

176 大数据环境下图书馆业务创新研究/辽宁大学图书馆组编. —沈阳：

辽宁大学出版社2016. 04. —345页. —图书馆转型与变革研究丛书. —ISBN7-5610-8257-7：CNY45. 00

主题词：图书馆业务-研究

内容提要：本书主要探讨在全媒体的新环境下，如何通过资源整合、流程再造，来拓展现代图书馆的知识服务。具体分为阅读推广篇、信息服务篇、读者服务篇、资源建设篇、管理服务篇等内容。

177 时代，新思维，新挑战 ：“互联网+”背景下数字图书馆的战略规划与创新发展学术研讨会论文集/《新时代，新思维，新挑战；“互联网+”背景下数字图书馆的战略规划与创新发展学术研讨会论文集》编委会编. —北京：国家图书馆出版社2016. 08. —128页. —ISBN978-7-5013-5895-3：CNY60. 00

主题词：数字图书馆-图书馆发展-学术会议-文集

内容提要：本书汇集了20篇有关数字图书馆及数字资源的学术论文，重点篇目包括：《近年来国外数字图书馆发展规划的制订及启示》《未来公共图书馆的创新发展之路》等。

山东省内图书馆馆藏：山东理工大学图书馆 山东大学图书馆 山东省图书馆 济南大学图书馆 齐鲁工业大学图书馆 山东中医药大学图书馆 济宁医学院图书馆 滨州学院图书馆 青岛农业大学图书馆 淄博职业学院图书馆

178中国图书馆学会年会论文集 2016年卷/中国图书馆学会编. —北京：国家图书馆出版社2016. 10. -525页：26CM. —ISBN7-5013-5942-4：CNY120. 00

主题词：图书馆学-学术会议-文集

内容提要：本书主要内容包括：未来图书馆新形态、新功能展望；研究方法论与青年图书馆科研能力提升；图书馆员：公共文化服务创新发展的生力军；信息资源建设：新理念、新思路等。

山东省内图书馆馆藏：山东理工大学图书馆 聊城大学图书馆 潍坊学院图书馆 山东中医药大学图书馆 济南市图书馆 山东省社会主义学院图书馆

179 现代大学图书馆的技术与服务：华北地区高校图协第28届学术年会论文集/刘春鸿主编. —北京：北京邮电大学出版社2016. 01. —404页. —

ISBN978-7-5635-4565-0：CNY58.00

主题词：院校图书馆-图书馆工作-学术会议-文集

内容提要：该论文集收集了华北地区高校图书馆协作委员会第二十八届学术年会论文共68篇。立足专业前沿，具有较好的学术价值。本书涉及图书馆工作的各个领域、各个方面，呈示出系统性、综合性、全方位、多层次的性质。既有对图书馆事业历史的回顾与总结，又有对图书馆工作现状的考察与分析，更有对图书馆建设未来的探索与展望。

山东省内图书馆馆藏：山东理工大学图书馆 菏泽学院图书馆 济宁学院图书馆 烟台理工学院图书馆

180 基层图书馆建设与服务创新/霍瑞娟，刘锦山主编. —北京：国家图书馆出版社2016. 08. —298页：26CM. —ISBN978-7-5013-5879-3：CNY80. 00

主题词：基层图书馆-图书馆工作-研究-中国-基层图书馆-图书馆服务-研究-中国

内容提要：本书总结了中国图书馆学会第五届“百县馆长论坛”成果，更好地展示基层图书馆发展所取得的成就，使各基层图书馆能够更方便地相互学习和借鉴。全书分为“关于基层图书馆建设与服务创新的思考”“专访：基层图书馆建设与服务创新”“案例：基层图书馆建设与服务创新案例研究”三个部分。

山东省内图书馆馆藏：山东交通学院图书馆潍坊学院图书馆 山东中医药大学图书馆 中国石油大学（华东）图书馆 青岛酒店管理职业技术学院图书馆 淄博师范高等专科学校图书馆 青岛农业大学图书馆 山东省图书馆 淄博市图书馆 潍坊市图书馆

181 图书馆规范管理工作手册/东莞图书馆编. —北京：国家图书馆出版社2016. 04. —598页. —政策法规与标准规范. —ISBN7-5013-5783-8：CNY120. 00

主题词：图书馆管理-手册

内容提要：本书共四编，第一编“组织文化”，阐释图书馆的使命、愿景、价值观和办馆理念方针，规范图书馆的形象；第二编“制度管理”，从人本管理的角度制定图书馆人、财、物的管理体制，包括管理体制、行政事务管理、人事管理、财务管理、资产管理和物业管理；第三编“业务规程”，按照业务工作标准化、规范化的要求，设置文献采访、文献分编、藏书管理、读者服务、读者活动、参考咨询与文献开发、信息技术工作、业务组织与研究、总分馆建设；第四编“绩效测评”，以图书馆统计、档案管理为依据，以卓越绩效管理为指导，意在加强绩效评价和绩效考核，提升图书馆服务质量和效益，促进图书馆的可持续发展。

山东省内图书馆馆藏：山东理工大学图书馆 山东大学图书馆 山东交通学院图书馆山东省图书馆 潍坊学院图书馆 齐鲁工业大学图书馆 山东中医药大学图书馆 山东农业大学图书馆 济宁医学院图书馆 滨州学院图书馆

182 创新 服务 融合 图书馆建设发展研究论文集/王净，周建彩主编. —青岛：中国海洋大学出版社，2016. 07. —192页. —ISBN978-7-5670-1180-9：CNY35. 00

主题词：军事院校—图书馆事业—中国—文集

内容提要：在新技术、新媒体力量的推动下，军校图书馆事业在发展的同时也面临着诸多挑战。为更好地推动军校图书馆建设发展，在总结实践经验的基础上，进行图书馆创新理论的研究，海军航空工程学院青岛校区图书馆以“创新服务融合”这一主题进行论文征集，现将征集的论文择优汇编出版，以期达到探讨研究理论成果、分享实践工作经验的效果。

山东省内图书馆馆藏：山东理工大学图书馆 潍坊学院图书馆 山东农业大学图书馆 青岛大学图书馆

183 现代高校图书馆管理与服务探究/李寒丹著. —长春：吉林大学出版社，2016. 10. —24cm × 17cm. —ISBN978-7-5677-8175-7：CNY 29. 80

主题词：院校图书馆-图书馆管理-研究-图书馆工作

内容提要：本书分析了地方高校图书馆信息资源共享提出的动因、必要性和可行性，揭示国内地方高校图书馆信息资源共享发展现状及存在的问题，积极构建共享的整体框架，并进一步拓展图书馆的服务渠道和方式。

184 全国图书馆地方文献建设学术研讨会论文集/苏全有，李丛束主编. —郑州：中州古籍出版社，2016. 09. —397页： 26cm × 19cm. —ISBN978-7-5348-6277-9：CNY 48. 00

主题词：地方文献-中国-文集

内容提要：本书收录了不同时期、不同地域和高校图书馆等有关地方文献的探讨和研究性文章。包括《口述历史与地方文献工作》《浅谈收藏地方文献的范围和类型》《漫谈方志的起源、发展与地位》等。

185 科技文献信息检索/魏振枢，史子木等编著. —北京：化学工业出版社，2016. 02. —208页：26CM. —高职高专规划教材. —ISBN978-7-122-25419-1

主题词：科技情报-情报检索-高等职业教育-教材

内容提要：本教材介绍了科技文献基础知识，重点以计算机网络检索为基础，介绍对期刊论文和图书、标准文献、专利文献、其他特殊文献及英文文献等进行科学有效的网络检索，介绍了科技论文的规范写作和编辑。

山东省内图书馆馆藏：滨州学院图书馆 淄博职业学院图书馆

186 书人遐思 文献资源建设实践与思考/任国祥著. —上海：上海书店，2016. 06. —261页：19CM. —ISBN978-7-5458-1277-0：CNY40. 00

主题词：图书馆工作—文集

内容提要：本书主要内容为图书馆藏书建设服务实践中的一些思考、探求与提炼，以及在图书整理开发方面的回顾与总结。

山东省内图书馆馆藏：山东大学图书馆 青岛农业大学图书馆 济宁学院图书馆 山东外贸职业学院图书馆

2015年出版

187 图书馆与微服务/金红亚主编. —上海：上海科学技术出版社2015. 12. 244页：26CM. —ISBN978-7-5478-2815-1：CNY54. 00

主题词：数字图书馆-图书馆服务-研究

内容提要：本书稿以上海图书馆的数字资源建设实践为基础，叙述了图书馆数字化转换与服务的过程、要求和规范等。上海图书馆经过长期探索，率先实现馆购数字资源和阅读终端一体化服务；率先推出手持数字阅读终端流通服务；率先采购网络文学并整合到馆所数字阅读网站与电子书阅读器配套提供流通服务，成为国内数字阅读服务、研究和实践的重要场所，积累了丰富的数字建设经验。

山东省内图书馆馆藏：山东农业大学图书馆 济宁医学院图书馆 中国石油大学（华东）图书馆 青岛农业大学图书馆

188 阅读推广理论与实践研究/赵颖梅主编. _成都：西南交通大学出版社2015. 07. —194页：26CM. —ISBN978-7-5643-3689-9：CNY48. 00

主题词：院校图书馆-图书馆工作-读书活动-研究

内容提要：本书是高校图书馆管理类文集。收集的28篇高校图书馆管理员的文章，围绕图书馆管理实践中的阅读推广话题，分设计、经验、实践三大类内容。较好总结了一段时间以来的工作成绩，对今后的推广活动提供了思路与指导，具有一定的保存和资料借鉴价值，建议予以出版。

山东省内图书馆馆藏：德州学院 山东理工大学图书馆 青岛大学图书馆 山东省社会主义学院图书馆

189 大学图书馆变革发展思考/陈进主编. —上海：上海交通大学出版社2015. 12. —337页：16开. —ISBN978-7-313-14128-6：CNY69. 30

主题词：院校图书馆-图书馆工作-文集

内容提要：陈进主编的《大学图书馆变革发展思考（精）》是“探索创新超越——上海交通大学图书馆论文集”的第3辑，以大学图书馆发展思考为主题，共收录论文43篇，内容包括：服务探索与实践研究、资源建设与情报分析、系统发展与技术应用、陈列布展与社教宣传。本书可供图书馆、信息研究工作者阅读，也可供图书馆学的教师和学生参考。

山东省内图书馆馆藏：山东理工大学图书馆 山东交通学院图书馆 山东大学图书馆 山东青年政治学院图书馆 山东省图书馆 德州学院 聊城大学图书馆

济南大学图书馆 潍坊学院图书馆 山东中医药大学图书馆 山东农业大学图书馆

190 图书馆数字阅读推广/王余光，霍瑞娟丛书主编；李东来本册主编. —北京：朝华出版社2015. 12. —222页：24CM. —阅读推广人系列教材. —ISBN978-7-5054-3795-1：CNY39. 80

主题词：图书馆-读书活动-教材

内容提要：本书主要内容包括：数字阅读揭秘、电子书阅读器；移动阅读的世界；儿童数字阅读；大学生数字阅读那些事儿；“e时代”的网络阅读资源等。

山东省内图书馆馆藏：山东理工大学图书馆 山东青年政治学院图书馆 山东省图书馆 山东农业大学图书馆 德州学院图书馆 济宁医学院图书馆 青岛农业大学图书馆 青岛酒店管理职业技术学院图书馆 淄博师范高等专科学校图书馆青岛大学图书馆 临沂大学图书馆

191 图书馆服务思维研究=RESEARCH OF LIBRARY SERVICE THOUGHT/康存辉著. —北京：中国纺织出版社2015. 08. —182页：26CM. —ISBN978-7-5180-1744-7：CNY48. 00

主题词：图书馆服务-研究

内容提要：本书对图书馆文化、学习共享空间，人力资源管理、全开放服务模式、学科馆员建设、情报服务、环境建设、技术应用等方面都有比较深入研究，与此同时还对主要服务内容（图书与期刊）的版权、评价和生态建设方面进行了较为系统的研究。

192 新蓝图 · 新发展 现代公共文化服务体系下的中小型公共图书馆/全国中小型公共图书馆联合会等编. —北京：朝华出版社2015. 06—510页：26CM. —ISBN978-7-5054-3746-3：CNY118. 00

主题词：中小型图书馆-公共图书馆-图书馆服务-中国-文集

内容提要：经过业务资深专家评审后，该论文集收录“新蓝图、新发展——现代公共文化服务体系下的中小型公共图书馆”研讨征文活动获奖论文百余篇，展现了中小型公共图书馆在现代公共文化服务体系下所取得的理论成果和工作成绩，对中小型图书馆的建设与发展具有一定的借鉴和指导意义。

193 高校图书馆服务创新案例精编/陈进主编. —北京：海洋出版社2015. 06—237页：26CM. —新型图书情报人员能力培训丛书. —ISBN978-7-5027-9145-2：CNY48. 00

主题词：院校图书馆-图书馆服务-案例

内容提要：本书选编各高校图书馆服务创新活动获奖案例，本书一共分三个部分，分别是：读者活动、资源推广和基础服务，从不同层次和不同视角对各种案例进行详细的介绍，并且对各个活动进行详细的评论，最后并附录作者的联系方式以便读者参考实践。

山东省内图书馆馆藏：山东理工大学图书馆 山东师范大学图书馆 山东交通学院图书馆 德州学院图书馆 泰山学院图书馆 山东大学图书馆 山东省图书馆潍坊学院图书馆 齐鲁工业大学图书馆 山东中医药大学图书馆 山东农业大学图书馆

194 移动图书馆服务的现状与未来/《图书情报工作》杂志社编. —北京：海洋出版社2015. 05. —430页：26CM. —图书馆学情报学理论与实践系列丛书. 名家视点. —ISBN978-7-5027-9140-7：CNY48. 00

主题词：图书馆服务-文集

内容提要：本书共分为专题篇、理论篇、实践篇、用户篇四部分， 主要内容包括： 专题1： 移动图书馆技术创新与服务拓展 ； 移动数字图书馆服务体系研究 ； 上海图书馆移动服务实践与创新等。

山东省内图书馆馆藏：山东理工大学图书馆 山东师范大学图书馆 山东交通学院图书馆 德州学院图书馆 菏泽学院图书馆 泰山学院图书馆 山东大学图书馆 山东省图书馆山东体育学院图书馆 潍坊学院图书馆 潍坊医学院图书馆

195 数字资源整合与图书馆服务/林培发编著. —北京：国防工业出版社2015. 08. —136页. —ISBN978-7-118-10344-1：CNY28. 00

主题词：数字图书馆-图书馆服务-研究

内容提要：本书在数字资源整合和图书馆服务的实践研究基础上，对数字资源的组织、整合、长期保存以及知识服务、移动服务进行全面系统的梳理，对泛在知识环境下图书馆的服务体系进行了分析，并介绍了图书馆服务业绩绩效评价，搭建数字资源整合与服务的研究框架。

196 迈向权利保障时代 公共图书馆发展的“广州模式”研究/方家忠，黄斌主编. —广州：中山大学出版社2015. 11. —323页：26CM. —ISBN978-7-306-05554-5：CNY42. 00

主题词：公共图书馆-图书馆工作-中国-文集

内容提要：本书是广州图书馆为筹办“2015年中国图书馆年会”之学术论坛“迈向权利保障时代—公共图书馆发展与广州模式”而向全市图书馆同仁发起的学术征文的择优结集。公共图书馆作为公益性文化事业，在全面实现和保障民众的基本文化权利方面还有很长的路要走，以“政府主导”为显著特点的“广州模式”值得全面、深入、细致的探究，以检验其科学性和普适性，以便于在全国传播和推广。因此，本书的出版意义非同寻常。

山东省内图书馆馆藏：山东理工大学图书馆 山东大学图书馆 青岛农业大学图书馆 青岛大学图书馆 山东大学（威海）图书馆

197 数字资源揭示 海量数据环境下图书馆资源发现之路学术研讨会论文集/《数字资源揭示：海量数据环境下图书馆资源发现之路学术研讨会论文集》编委会编. —北京：国家图书馆出版社2015. 06. —192页：26CM. —ISBN978-7-5013-5556-3：CNY80. 00

主题词：数字图书馆-文集

内容提要：本书为第二届图书馆现代技术研讨会论文集，汇编了数十篇图书馆数字资源相关内容的学术论文，内容涉及数字图书馆、数字阅读、图书馆资源服务整合、资源组织等，主要论述了大数据环境下，图书馆借助新技术新媒体开展数字资源服务的理论与实践。

山东省内图书馆馆藏：山东理工大学图书馆 山东交通学院图书馆 山东大学图书馆 山东青年政治学院图书馆山东中医药大学图书馆 济宁医学院图书馆

青岛农业大学图书馆 青岛大学图书馆 枣庄学院图书馆 山东省图书馆

198 中国图书馆学会年会论文集 2015年卷/中国图书馆学会编. —北京：国家图书馆出版社2015. 11. —672页：26CM. —ISBN978-7-5013-5691-1：CNY120. 00

主题词：图书馆学-学术会议-文集

内容提要：本书收录了中国图书馆学会2015年年会优秀获奖论文和交流论文。

山东省内图书馆馆藏：山东理工大学图书馆 山东交通学院图书馆 山东青年政治学院图书馆 山东省图书馆 山东农业大学图书馆 滨州学院图书馆 淄博职业学院图书馆 聊城大学东昌学院图书馆

199 高校图书馆资源与服务体系建设研究/严潮斌，李泰峰主编. —北京：北京邮电大学出版社，2015. 09. —313页：26CM. —ISBN978-7-5635-4520-9：CNY69. 00

主题词：院校图书馆-资源建设-文集-图书馆服务

内容提要：全国通信电子类高校图书情报工作委员会由全国9所行业特色图书馆组建而成，是在业内极具影响的一个专业图书馆联盟。联盟自2003年组建以来，在资源共建、共知、共享上发挥了重要作用，每年一次的学术年会更是其最有代表的学术交流活动。本论文集收录了其2011-2014年学术年会的获奖论文和案例，重点论述了联盟内9所高校图书馆在心得信息环境下，以大资源观为指导、以创建不断完善的服务体系为宗旨的研究成果。论文集集中反映了高校图书馆在实际工作中深入思考、积极应对信息用户的多元化需求所做的探索和努力。

山东省内图书馆馆藏：山东体育学院图书馆

200 高校图书馆资讯中心模式研究/张晖，徐红勤，周岚，靳慧慧，王娅娟，朱锐编. —北京：清华大学出版社，2015. 12. —107页：26CM。—ISBN978-7-302-41708-8：CNY38. 00

主题词：院校图书馆-图书馆工作-读者服务-研究

内容提要：本书介绍高等学校图书馆转变服务理念，面向所在区域开放图书馆，提供图书馆服务的服务转型经历。收集了资讯中心建设过程中的重要事件文字记录、图片等资料。总结了资讯中心建设过程中遇到的问题、解决办法以及经验教训。本书以一个高校图书馆的实际案例为背景，详细介绍了图书馆资讯中心模式的作用、组织架构、运行平台、服务方式以及实际运行效果。

山东省内图书馆馆藏：烟台大学图书馆 中国石油大学（华东）图书馆

201 图书馆服务与建设/黎晓著著作. —世界图书广东出版公司，2015. 01. —170页：16开. —ISBN978-7-5100-8097-5：CNY40. 00

主题词：图书馆服务-研究

内容提要：本书围绕图书馆的自身建设与提高服务质量两个方面展开研究。针对目前传统图书馆的管理与服务现状，深入探讨了图书馆在新形势下的新理念和新办法，提出了文献采购和信息资源建设共享以及电子资源与服务绩效的评价、读者权利与用户研究等新思路。

山东省内图书馆馆藏：山东理工大学图书馆

202 图书情报与财经理论研究 第4辑/党大恩主编. —西安：陕西科学技术出版社，2015. 11. —252页. —ISBN978-7-5369-6568-3：CNY35. 00

主题词：图书情报工作-文集-经济学

内容提要：本书是一本论文集，分为两大部分。围绕图书馆管理的理论研究，图书馆的资源建设，图书馆应如何进行管理，图书馆的管理人员应如何为读者进行服务，图书馆应如何进行建设和图书馆的财务管理，怎样进行财务核算等方面的问题。

203 西北地区图书馆合作发展研究/尹玉霞，罗茜编著. —兰州：甘肃人民出版社，2015. 08. —215页：24CM. —ISBN978-7-226-04818-4：CNY42. 00

主题词：图书馆事业-研究-西北地区

内容提要：本书共分为十三章，主要内容包括：绪论、图书馆合作的渊源及时代意义、图书馆合作的新形式—图书馆联盟、区域性图书馆联盟、西北地区图书馆事业发展概况等。

山东省内图书馆馆藏：烟台大学图书馆 临沂大学图书馆

204 图书馆学散论 科学网图谋博客精粹/王启云著. —北京：知识产权出版社，2015. 12. —283页：16开. —ISBN978-7-5130-3882-9

主题词：图书馆学-文集

内容提要：本书分为学海泛舟、图林漫步、学习日志、等五部分，主要内容包括：图书馆这一行的专业性、高校图书馆馆员的未来、图书馆学概论类教材印象等。

山东省内图书馆馆藏：山东理工大学图书馆 山东大学图书馆 山东省图书馆 山东政法学院图书馆 山东中医药大学图书馆 滨州学院图书馆 青岛农业大学图书馆 青岛大学图书馆 淄博市图书馆

205 数字出版对文献资源建设的影响：第五届全国文献采访工作研讨会论文集/国家图书馆外文采编部编. —北京：国家图书馆出版社，2015. 01. —330页：26CM. —ISBN978-7-5013-5527-3：CNY80. 00

主题词：电子出版物-出版工作-影响-文献资源建设-文集

内容提要：本书共包含论文58篇，对数字时代文献资源建设方方面面的问题，如图示招标采购、外文期刊采编等进行了全面深入的探讨。

山东省内图书馆馆藏：山东理工大学图书馆 山东大学图书馆 山东青年政治学院图书馆 山东省图书馆 济南职业学院图书馆 滨州学院图书馆 青岛农业大学图书馆 山东大学（威海）图书馆 济南市图书馆 聊城大学东昌学院图书馆

206 图书馆管理与服务=Library Management and Service/杨勇著. —北京：国家图书馆出版社，2015. 12. —230页. —国家“十一五”重点图书出版规划项目 当代中国图书馆学研究文库. —ISBN978-7-5013-5679-9：CNY70. 00

主题词：图书馆服务-研究-图书馆管理

内容提要：本书主要收录作者在图书馆管理与服务方面的论文20余篇。重点探讨了新世纪高校图书馆的发展目标、模式要求，以及图书馆的质量管理、知识管理、资源保障等图书馆管理方面的问题；二是对转型时期图书馆的服务方式、能力、行为规范、读者教育等问题的思考。

山东省内图书馆馆藏：山东理工大学图书馆 山东交通学院图书馆 泰山学院图书馆 山东大学图书馆 山东青年政治学院图书馆 山东省图书馆 济南大学图书馆

潍坊学院图书馆 山东政法学院图书馆 齐鲁工业大学图书馆

207 中学图书馆阅读推广纵横/顾鸣鸣著. —南京：南京大学出版社，2015. 02. —252页：26CM. —ISBN978-7-305-14675-6：CNY30. 00

主题词：中学图书馆-中国-读书活动

内容提要：本书包含在图书馆阅读教学活动方面的获奖论文、2010年以来在中国图书馆学会“会员论坛”中的获奖文章、南通教育技术装备专项课题及地方高校图书馆阅读推广课题的结题报告、获得全民阅读先进单位的推广特刊选。

208 图书馆阅读推广基础理论/王余光，霍瑞娟丛书主编；吴晞本册主编；王媛本册副主编. —北京：朝华出版社，2015. 12—216页：24CM. —阅读推广人系列教材. —ISBN978-7-5054-3791-3：CNY39. 80

主题词：图书馆-读书活动-理论-教材

内容提要：本书主要内容包括：全民阅读与图书馆阅读推广导论；国内图书馆阅读推广研究举要；阅读立法综述等。

山东省内图书馆馆藏：山东理工大学图书馆 山东交通学院图书馆 山东青年政治学院图书馆 山东省图书馆山东农业大学图书馆 山东工艺美术学院图书馆 滨州学院图书馆 青岛酒店管理职业技术学院图书馆 淄博师范高等专科学校图书馆 青岛农业大学图书馆

209 图书馆阅读推广基础工作/王余光，霍瑞娟丛书主编；邱冠华，金德政本册主编；邓咏秋本册副主编. —北京：朝华出版社，2015. 12. —240页：24CM. —阅读推广人系列教材. —ISBN978-7-5054-3796-8：CNY：39. 80

主题词：图书馆-读书活动-教材

内容提要：本书主要内容包括：阅读推广工作概述；阅读推广项目的策

划；推荐书目的类型与编制等。

山东省内图书馆馆藏：山东理工大学图书馆 山东交通学院图书馆 山东青年政治学院图书馆 山东省图书馆 山东农业大学图书馆 山东工艺美术学院图书馆 滨州学院图书馆 淄博师范高等专科学校图书馆 青岛农业大学图书馆 青岛大学图书馆

210 图书馆经典阅读推广/王余光，霍瑞娟丛书主编；李西宁，张岩本册主编；王丽丽本册副主编. —北京：朝华出版社，2015. 12. —237页：24CM. —ISBN978-7-5054-3793-7：CNY39. 80

主题词：图书馆-读书活动-教材

内容提要：本书共主要内容包括：经典阅读推广概述；经典阅读的意义和经典的选择；经典阅读室及设计等。

山东省内图书馆馆藏：山东理工大学图书馆 山东交通学院图书馆 山东青年政治学院图书馆 山东省图书馆 山东农业大学图书馆 济宁医学院图书馆 山东工艺美术学院图书馆 青岛酒店管理职业技术学院图书馆 淄博师范高等专科学校图书馆 青岛农业大学图书馆

2014年出版

211 转型时代的图书馆 新空间·新服务·新体验 第七届上海国际图书馆论坛论文集/上海图书馆编. —上海：上海科学技术文献出版社2014. 07. —475页：26CM. —ISBN978-7-5439-6289-7：CNY180. 00

主题词：图书馆工作-文集

内容提要：本书为第七届上海国际图书馆论坛论文集，主要内容包括：大会报告、数字人文背景下图书馆的角色和挑战等七个部分。

山东省内图书馆馆藏：山东理工大学图书馆 山东大学图书馆 聊城大学图书馆 济宁医学院图书馆 烟台大学图书馆 滨州学院图书馆 青岛农业大学图书馆 青岛大学图书馆 临沂大学图书馆 枣庄学院图书馆

212 数字图书馆业务架构研究/翟晓娟著. —南京：南京大学出版社2014.

12. —199页：24CM. —信息管理专业前沿论丛. —ISBN978-7-305-14440-0：CNY35. 00

主题词：数字图书馆-图书馆业务-研究

内容提要：本书的研究对象是数字图书馆业务系统。鉴于现有业务系统的弊端，结合图书馆实际工作中最新的业务需求，架构基于微服务重组的数字图书馆业务系统。在系统实践的基础上研究图书馆信息组织的发展历史，找出需求驱动发展的客观规律。第一部分为基于微服务重组方法架构数字图书馆业务系统，第二部分为研究图书馆信息组织发展的历史，第三部分为UOA的实践应用。

213 图书馆、情报与文献学研究的新视野 7：中国社会科学情报学会2013年学术年会论文集/中国社会科学情报学会编. —北京：中国书籍出版社2014. 10. —1046页：24CM. —ISBN978-7-5068-4321-8：CNY198. 00

主题词：图书馆学-文集-情报学-文献学

内容提要：本书是中国社会科学情报学会2013年学术年会的论文集，收入了图书馆、情报和文献学方面的最新研究成果，由理论研究、资源建设与组织、图书馆建设与管理、图书馆服务、用户教育与人才培养、媒体与传播研究、附录七部分组成，每部分都收录了2013年度该方面的精彩论文。

山东省内图书馆馆藏：山东理工大学图书馆 山东大学图书馆 山东青年政治学院图书馆 山东省图书馆 山东中医药大学图书馆 淄博职业学院图书馆 中国石油大学胜利学院图书馆

214 信息资源检索与利用/张秀主编. —北京：金盾出版社2014. 10. —285页：16开. —ISBN978-7-5082-9630-2：CNY48. 00

主题词：信息检索

内容提要：本书系统地介绍了信息资源、信息检索理论基础知识，图书馆资源的利用与图书信息的检索，并介绍了Web2. 0与微内容和网络信息资源检索与利用，以及各种常用中外检索工具的检索方法及技巧。

山东省内图书馆馆藏：山东中医药大学图书馆 山东艺术学院图书馆

215 地方高校图书馆的学科建设与特色发展/保山学院图书馆组编；李变秀主编. —昆明：云南大学出版社，2014. —260页： 21×14. —保山学院地方文献建设丛书. —ISBN978-7-5482-2013-8：CNY20. 00

主题词：地方文献-文献资源建设-中国-文集-地方高校-院校图书馆

内容提要：本书集中介绍了地方文献在地方高校图书馆发展、建设过程中的意义和作用。全书从多个角度，以保山学院及所处的保山地区为背景，讨论了地方文献与高校图书馆的密切关系和相辅相成的互动性。

216 融合·发展·创新/胥文哲主编. —北京：朝华出版社，2014. 08. —681页：29×21. —ISBN978-7-5054-3724-1

主题词：公共图书馆-图书馆工作-西北地区-学术会议-文集-西南地区

内容提要：中国西部公共图书馆联合会由中国西部地区公共图书馆联合发起成立首届中国西部公共图书馆联合会年会暨学术讨论会于2014年9月在西安召开。在“融合·发展·创新”主题下，共征集论文268篇，来自西部地区近百家公共图书馆工作者，以工作实践为基础，进行了卓有成效的学术探讨。本论文集共收入论文近177篇，对西部地区公共图书馆的学术发展有一定的借鉴与指导意义。

217 高校科技查新与图书馆工作研究/高荣著. —北京：中国北京纺织出版社，2014. 11. —301页：26CM. —ISBN978-7-5180-1174-2：CNY46. 80

主题词：科技情报-情报检索-研究

内容提要：随着科学技术的快速发展，各级科研管理机构对科技查新工作越来越重视，高校图书馆也把科技查新作为信息咨询服务工作的重点。为了配合高校图书馆开展科技查新工作、提高科技查新人员的业务素质和查新水平，特编写本书。本书分为上下两篇。上篇从理论出发，结合案例详细阐述了科技查新操作实务。下篇从实践出发，选编了图书馆理论研究和实际工作的论文。

218 北方民族大学图书馆同人文集/陈永平主编. —银川：宁夏人民出版社，2014. 09. —349页. —ISBN978-7-227-05836-6：CNY32. 00

主题词：图书情报工作-文集

内容提要：《北方民族大学图书馆同人文集》公开发表的图书情报学方面的专业学术论文，优选出40余篇优秀学术论文，内容涵盖了服务创新、技术应用等多个方面，反映了北方民族大学图书馆建馆30年来各个时期所取得的专业学术成果。

山东省内图书馆馆藏：山东省图书馆

219 图书馆学科馆员制度建设/贾秀梅，宝力德著. —北京：中国时代经济出版社，2014. 05. —21 × 15. —ISBN978-7-5119-1924-3：CNY48. 00

主题词：图书馆员-制度建设-研究

内容提要：近几年，学科馆员制度在我国高校图书馆有了飞速发展，本书从学科馆员制度概述、必要性、发展现状、建设内容等多方面进行了论述。

2013年之前出版

220 中国图书馆学会年会论文集. 2013年卷/中国图书馆学会编. —北京：国家图书馆出版社2013. 10. —476页：16开. —ISBN978-7-5013-5184-8：CNY94. 80

主题词：图书馆学-学术会议-文集

内容提要：本书收录了中国图书馆学会2012年年会优秀获奖论文，论文内容涵盖了目前图书馆界的热门研究话题，包括了图书馆员阅读与专业能力构建、阅读价值观与图书馆、图书馆员阅读与专业能力构建、图书馆法律法规与著作权问题研究等。

山东省内图书馆馆藏：山东青年政治学院图书馆 山东省图书馆 山东师范大学图书馆 聊城大学图书馆 山东工艺美术学院图书馆 滨州学院图书馆 枣庄学院图书馆 济南市图书馆

221 高校图书馆工具书管理与服务研究/王文兵，覃云主编. —武汉：湖北科学技术出版社，2013. 05. —259页：21CM. —ISBN978-7-5352-5722-2：

CNY30. 00

内容提要：本书首先诠释了从工具书的定义、性质、结构、功能、特点等基础理论，以及工具书的产生和发展；然后阐释了地方高校图书馆工具书资源的建设意义、原则，以及工具书管理的范畴、内容、组织模式等，同时给出了高校图书馆工具书资源管理方法，以及服务质量和效益的评价方法。

222 图书馆变革与发展：四川省文化厅图书情报学与文献学/高凡主编. —成都：西南交通大学出版社，2013. 09. —222页：大16开. —ISBN978-7-5643-2639-5：CNY35. 00

主题词：图书馆工作-文集

山东省内图书馆馆藏：滨州医学院图书馆 青岛农业大学图书馆

223 传承与求索：云南大学图书馆90周年纪念文集/万永林主编. —昆明：云南大学出版社，2013. 01. —363页：25CM. —ISBN978-7-5482-1379-6：CNY48. 00

主题词：院校图书馆

内容提要：本书是云南大学图书馆建成90周年之际，为纪念其历史、总结经验而集成的一本文集。文集分为六个部分内容：图书馆历史回顾、图书馆资源建设、图书馆服务探讨、图书馆业务管理、图书馆理论研究和文献研究。本书记录了云南大学图书馆的发展历史，从无到有，从小到大，从传统到现代，为适应社会的发展，云南大学图书馆软件、硬件均长足发展。另外，本书还集结了云南大学图书馆工作人员多年的科研成果，对图书馆的实际工作也有很好的借鉴作用。

224 网络资源采集与数字资源长期保存学术研讨会论文集/《网络资源采集与数字资源长期保存学术研讨会论文集》编委会编. —北京：国家图书馆出版社，2013. 12. —192页：26CM. —ISBN978-7-5013-5239-5：CNY 50. 00

主题词：计算机网络-信息资源-采集学-学术会议-中国-文集-数字技术-信息存贮

内容提要：本书主要论述了网络资源的采集和数字资源的保存，具体详细研究并分析了网络资源采集的策略、方法与问题、采集系统的设计与实现、资源采集与整合，数字资源长期保存技术、策略、方案实施及影响因素、数字资源长期保存的法律问题、权益问题等方面内容。

山东省内图书馆馆藏：山东交通学院图书馆 山东大学图书馆 山东青年政治学院图书馆 山东省图书馆 济南大学图书馆 山东政法学院图书馆 济南职业学院图书馆 滨州医学院图书馆 枣庄学院图书馆 济南市图书馆

225 数字图书馆理论与实践：武警院校数字图书馆建设研讨会优秀论文集/李月丽，赵旭峰主编. —北京：金盾出版社2012. 05. —400页. —ISBN7-5082-7373-0：CNY30. 00

主题词：数字图书馆-理论-实践-研究

内容提要：本书收集了武警院校“十二五期间数字图书馆建设”学术研讨会的优秀论文75篇。

226 图书馆服务创新理论与实践/洪修平主编；邵波副主编. —南京：南京大学出版社2012. 10. —321页. —ISBN7-305-10655-2：CNY50. 00

主题词：院校图书馆-图书馆工作-文集

内容提要：本书主要内容包括： 图书馆管理理论与实践； 信息资源建设与组织 ； 信息咨询与科技查新 ； 信息服务与版权研究等。

山东省内图书馆馆藏：山东大学图书馆 滨州医学院图书馆

227 播撒阅读种子守望少儿幸福：青少年阅读推广理论与实践/吕梅主编. —北京：国家图书馆出版社2012. 11. —280页：26CM. —ISBN978-7-5013-4888-6：CNY80. 00

主题词：青少年-阅读辅导-文集

内容提要：本书主要收录青少年阅读推广理论与实践方面的优秀论文。

山东省内图书馆馆藏：山东青年政治学院图书馆 山东省图书馆 枣庄学院图书馆 济南市图书馆

228 地方高校图书馆运作的理论与实践/何敏著. —北京：北京燕山出版社，2012. 01. —198页. —ISBN978-7-5402-2753-1：CNY26. 00

主题词：院校图书馆-中国-研究

内容提要：本书一共8章，本书结合闽江学院图书馆运作的一些例子，阐述了地方高校图书馆运作的理论和实践。包括了图书馆发展概论、馆藏建设研究、人力资源管理、数字图书馆建设、读者服务和教育、合作和交流和防灾与危机管理等。

229 高校图书馆工作：理论与实践/赵新龙著. —上海：上海交通大学出版社，2012. 04. —190页：26CM. —ISBN978-7-313-08197-1

主题词：高等职业教育-院校图书馆-图书馆工作-研究

内容提要：本书稿主要立足于高校图书馆工作，针对高职类院校图书馆图书的选配和相关信息的管理以及图书文献资料的检索等作了探讨。

山东省内图书馆馆藏：泰山学院图书馆 山东青年政治学院图书馆 山东省图书馆

滨州医学院图书馆 济宁医学院图书馆 中国石油大学（华东）图书馆 淄博师范高等专科学校图书馆 济宁学院图书馆 枣庄学院图书馆 青岛市图书馆

230 2012年教育文献信息资源建设/李玉海主编. —武汉：华中师范大学出版社，2012. 12. —220页. —ISBN978-7-5622-5823-0：CNY26. 00

主题词：院校图书馆-图书馆工作-文集

内容提要：本书稿是华中师范大学图书馆一线老师及相关专业老师撰写的有关信息资源建设的论文集。收录论文包含了图书馆数字资源管理、图书馆的角色地位和作用等方面的内容，从外在和内在环境对教育文献信息资源建设进行了有价值的研究。图书馆的文化使命在于传承文化命脉，传承中华文化。本书收集了三十一篇有关高校图书馆的文章，探讨图书馆的资源开发利用、文献传递、信息服务评价体系等新动态和新研究。

231 数字时代的文献资源建设 第四届全国文献采访工作研讨会论文集/本社编. —北京：国家图书馆出版社，2012. 03. —492页：26CM. —ISBN978-7-5013-4734-6：CNY100. 00

主题词：图书采购-学术会议-中国-文集

内容提要：本书共包含论文104篇，论述了数字时代，文献资源建设中的问题。

山东省内图书馆馆藏：山东理工大学图书馆 山东大学图书馆 山东省图书馆 潍坊学院图书馆 滨州医学院图书馆 青岛农业大学图书馆 德州职业技术学院图书馆 青岛市图书馆 山东财经大学图书馆 济南市图书馆

232 数字图书馆技术与未来 ：2011年教育部高校图工委信息技术应用年会论文集/彭晓东，杨新涯主编. —北京：知识产权出版社，2012. 09. —527页：26CM. . —ISBN978-7-5130-1355-0：CNY98. 00

主题词：数字图书馆-图书馆工作-学术会议-文集

内容提要：本书是2011年教育部图工委信息技术年会论文集，研究数字图书馆的技术与未来。

233 民族图书馆学研究 6 第十二次全国民族地区图书馆学术研讨会论文集/崔光弼主编. —沈阳：辽宁民族出版社，2012. 11. —415页：26CM. —民族图书馆学论丛. —ISBN978-7-5497-0443-9：CNY70. 00

主题词：民族地区-图书馆事业-中国-文集

内容提要：本书是由中国民族图书馆编撰的。书稿主题是文化多样性与民族地区图书馆实业的发展。包括古籍及地方文献研究、资源建设与事业发展等6个部分的内容，内容各样、观点新颖。

山东省内图书馆馆藏：聊城大学图书馆 潍坊学院图书馆

234 图书馆服务创新与绩效评估/《图书情报工作》杂志社编. —北京：海洋出版社，2012. 06. —234页：26CM. —名家视点. 第3辑， 图书馆学 情报学档案学理论与实践系列丛书. —ISBN978-7-5027-8299-3：CNY45. 00

主题词：图书馆服务-研究

内容提要：本苏主要介绍了公共文化服务：图书馆的战略选择；创新中的科技查新服务；我国图书馆学理论研究的内容；信息资源共享系统绩效评估研究；天津滨海新区服务型电子政务评价研究。

山东省内图书馆馆藏：山东理工大学图书馆 山东交通学院图书馆 山东大

学图书馆 山东青年政治学院图书馆 山东省图书馆 山东体育学院图书馆 齐鲁工业大学图书馆 滨州医学院图书馆 济宁医学院图书馆 烟台大学图书馆

235 高校图书馆建设与知识管理/全国冶金院校图书馆研究会主编. —上海：华东理工大学出版社，2012. 09. —198页：26CM. —ISBN978-7-5628-3379-6：CNY80. 00

主题词：院校图书馆-图书馆工作-研究

内容提要：本书共收录本次征文活动中优秀论文37篇，分编成六个专题，涵盖了高校图书馆建设与管理、信息资源建设与利用、信息技术与应用、信息服务与用户教育等。

236 图书馆核心价值及其实现策略/宋剑祥著. —北京：中国书籍出版社，2012. 09. —313页：26CM. —中国书籍文库. —ISBN978-7-5068-3128-4：CNY59. 00

主题词：图书馆学-研究

内容提要：本书内容涉及三大方面：一是图书馆学理论与实践，主要关于图书馆核心价值及其实现策略、图书馆立法、图书分类编目、图书阅读和图书馆公共关系等问题的探讨；二是高校图书馆管理与服务，主要关于大学图书馆情报信息职能的发挥、读者教育、服务质量以及大学生信息素质的培养等问题的思考和探讨；三是信息服务与企业发展，主要关于信息产业、企业发展与信息活动、信息反馈与图书馆信息服务等问题的探讨。

山东省内图书馆馆藏：山东理工大学图书馆 曲阜师范大学图书馆菏泽学院图书馆 山东青年政治学院图书馆 山东省图书馆 聊城大学图书馆 山东体育学院图书馆 潍坊学院图书馆 山东政法学院图书馆 齐鲁工业大学图书馆

237 民族高校图书馆文献管理与服务研究/李万梅编著. —兰州：甘肃民族出版社，2011. 06. —328页. —ISBN978-7-5121-1891-2：CNY21. 00

主题词：民族学院-院校图书馆-文献管理-研究

内容提要：我国民族高校图书馆事业是民族高等教育事业的主要组成部分，书中在吸收了同行专家研究成果的基础上发表了自己的拙见，提出了在新的历史条件下民族高校图书馆进一步加强民族文献的收集、管理与服务的思路与构想，以示向专家学习，与同仁交流。

238 行走书林 乔好勤文集/乔好勤著. —上海：华东师范大学出版社，2011. 09. —801页：24CM. —ISBN978-7-5617-8669-7：CNY128. 00

主题词：图书馆学-文集

内容提要：本书共分八辑，包括目录学理论与书目工作、中国目录学史研究、图书馆学、信息管理学与图书馆事业、地方文献研究、图书出版与发行、阅读论坛等。

山东省内图书馆馆藏：山东大学图书馆 潍坊学院图书馆 烟台大学图书馆 枣庄学院图书馆 济南工程职业技术学院图书馆

239 第三届全国馆际互借与文献传递研讨会论文集/刘庆财编. —北京：国家图书馆出版社，2011. 11. —242页：26CM. —ISBN978-7-5013-4691-2：CNY88. 00

主题词：馆际互借-中国-学术会议-文集-图书馆工作-情报服务

内容提要：本书主要为第三届全国馆际互借与文献传递工作研讨会所收论文合集。

山东省内图书馆馆藏：中国海洋大学图书馆 山东师范大学图书馆 山东农业大学图书馆 淄博师范高等专科学校图书馆 青岛农业大学图书馆 青岛大学图书馆 青岛市图书馆 山东省图书馆

240 图书馆建设与管理研究/滕立新主编. —北京：军事谊文出版社2010. 08. —327页. —ISBN978-7-80150-850-8：CNY28. 00

主题词：图书馆工作-研究-图书馆工作

内容提要：本书主要内容包括：图书馆管理与人才队伍建设；信息资源建设；信息服务；图书馆信息技术与应用；教育理念与教学管理。

241 信息时代高校图书馆联合、创新与发展/程显秋，张桂岩主编. —北京：首都经济贸易大学出版社，2010. 05. —289页. —ISBN978-7-5638-1815-0：CNY38. 00

主题词：院校图书馆-图书馆工作-研究-院校图书馆-图书馆工作

内容提要：本书共分为九部分，主要内容包括：现代图书馆建设与管理；传统业务研究与创新；图书馆服务创新；图书馆与教育；数字图书馆技术与应用；图书馆资源建设；图书馆联盟等。

山东省内图书馆馆藏：山东理工大学图书馆 中国海洋大学图书馆 聊城大学图书馆

242 图书馆创新服务与可持续发展/万群华，胡银仿著. —武汉：湖北科学技术出版社，2010. —1177页. —ISBN978-7-5352-4532-8

主题词：图书馆工作-文集-图书馆工作

内容提要：本书分上下两编，上编系第九届中国社区乡镇图书馆发展战略研讨会征文，下编系湖北省图书馆学会2010年学术年会征文，共收论文200余篇。内容涉及：图书馆以人为本的创新服务、图书馆服务与新农村建设、图书馆与推进学习型社会建设等。

243 图书馆合作创新与发展/广州市图书馆学会，佛山市图书馆学会主编. —广州：暨南大学出版社，2010. 09. —280页. —现代图书馆研究系列. —ISBN978-7-81135-653-3：CNY38. 00

主题词：图书馆-研究

内容提要：本书内容包括公共图书馆服务体系建设、管理创新、服务创新、数字资源与信息技术、其他业务问题。

山东省内图书馆馆藏：山东大学图书馆 山东青年政治学院图书馆 威海职业学院图书馆

244 数字化环境下的高校图书馆建设/陈自仁主编. —兰州：甘肃人民出版社，2010. 08. —241页：787 × 1092. —ISBN978-7-226-03934-2：CNY38. 00

主题词：院校图书馆：数字图书馆-图书馆工作-研究

内容提要：本书探讨了数字化环境下高校图书馆的发展模式，针对发展中的人力资源、软硬件建设、组织建设等若干问题进行了分析研究。

245 深思与对话 高校图书馆新馆建设/刘锦山，崔凤雷，高新陵编著. —

北京：北京图书馆出版社，2010. 08. —258页. —ISBN978-7-5013-4398-0：CNY50. 00

主题词：院校图书馆-图书馆工作-研究-中国

内容提要：本书分析了21世纪以来的高校图书馆建设情况，对发展中出现的问题进行了讨论，并通过具体案例总结了建设经验。

山东省内图书馆馆藏：曲阜师范大学图书馆 青岛酒店管理职业技术学院图书馆 临沂大学图书馆

246 数字时代图书馆建设的理论与实践/姚乐野，钟刚毅主编. —成都：四川大学出版社，2010. 01. —361页. —ISBN978-7-5614-4802-1：CNY40. 00

主题词：图书馆工作-文集

内容提要：本书收入论文近百篇，分别从图书馆科学管理、文献资源建设、数字图书馆建设、合作共享、馆舍设施等各个方面，研讨了数字时代图书馆建设的相关理论与实践问题。

山东省内图书馆馆藏：曲阜师范大学图书馆 山东大学图书馆 山东青年政治学院图书馆 山东省图书馆 聊城大学图书馆 滨州医学院图书馆 齐鲁师范学院图书馆 青岛市图书馆

247 地方高校图书馆核心竞争力研究/程娟著. —北京：中国水利水电出版社，2009. 03. —279页. —ISBN978-7-5084-6259-2：CNY28. 00

主题词：院校图书馆-图书馆管理-研究

内容提要：本书主要论述了图书馆的核心竞争力问题，包含其构成因素、动力机制等方面。

山东省内图书馆馆藏：山东理工大学图书馆 曲阜师范大学图书馆 山东大学图书馆 聊城大学图书馆 中国海洋大学图书馆 济南大学图书馆 山东政法学院图书馆 滨州医学院图书馆 滨州学院图书馆 临沂大学图书馆

248 数字图书馆技术研究与应用/李华著. —成都：电子科技大学出版社，2009. 08. —246页. —ISBN978-7-5647-0296-0：CNY25. 00

主题词：数字图书馆-技术-研究

内容提要：本书分6章，从技术角度论述了数字图书馆的建设与发展问题。

山东省内图书馆馆藏：山东大学图书馆 滨州医学院图书馆 中国石油大学（华东）图书馆 青岛农业大学图书馆 山东大学（威海）图书馆 山东社会科学院图书馆

249 文献信息管理研究 3/张怀涛主编. —沈阳：沈阳出版社，2009. 06. —373页. —ISBN7-5441-3332-6：CNY55. 00

主题词：文献-信息管理-研究

250 大学图书馆工作的理论与实践/阚跃明，樊晓春著. —昆明：云南大学出版社，2009. 07. —235页. —ISBN978-7-81112-874-1：CNY30. 00

主题词：院校图书馆-yuan xiao tu shu guan-图书馆工作-文集

内容提要：本书分大学图书馆信息资源建设与管理研究、大学图书馆馆员研究两部分，主要内容包括：存取还是拥有——云南大学图书馆外文藏刊策略的选择、PDCA循环在期刊采访工作中的应用、期刊管理流程再造的必要性等。

山东省内图书馆馆藏：山东理工大学图书馆 曲阜师范大学图书馆 山东大学图书馆 青岛农业大学图书馆 临沂大学图书馆 山东大学（威海）图书馆 烟台理工学院图书馆

251 理念与实践 图书馆发展研究/徐欣禄主编. —南宁：广西教育出版社，2009. 09. —441页. —ISBN978-7-5435-5646-1：CNY38. 50

主题词：图书馆工作-广西壮族自治区-文集-图书馆工作

内容提要：本书收录了广西图书情报方面的相关文章，分为学科研究与发展理念、资源建设与规范等八个章节。

山东省内图书馆馆藏：山东省图书馆

252 服务社会：大学图书馆的时代使命/张白影等著. —北京：首都经济贸易大学出版社，2009. 08. —296页. —ISBN978-7-5638-1725-2：CNY28. 00

主题词：院校图书馆-图书馆工作-研究-院校图书馆-图书馆工作

内容提要：本书以大学图书馆为社会服务为主题，从多种角度论述了大学图书馆的时代使命，是图书馆人学术价值的集成。文章详细阐述了大学图书馆为社会服务的方方面面。

253 全国地方文献工作研究文选/石丽珍主编. —长春：吉林人民出版社，2009. 06. —458页. —ISBN978-7-206-06171-4：CNY48. 00

主题词：地方文献-工作-文集-地方文献

内容提要：本书分为五部分，选编了2008年全国地方文献工作学术研讨会获奖的65篇征文。

254 第二届地方文献国际学术研讨会论文集/国家图书馆古籍馆编著. —北京：北京图书馆出版社，2009. 12. —480页. —ISBN978-7-5013-4219-8：CNY90. 00

主题词：地方文献-国际学术会议-文集

内容提要：本书收入2007年10月国家图书馆主办的“第二届地方文献国际学术研讨会”论文66篇。全书分为地方文献专题研究、方志谱牒研究及地方文献工作探讨三个部分。

山东省内图书馆馆藏：中国海洋大学图书馆 曲阜师范大学图书馆 山东大学图书馆 山东省图书馆 山东中医药大学图书馆 滨州医学院图书馆 东营职业学院图书馆 德州职业技术学院图书馆 青岛市图书馆

255 中国高等教育发展进程中的高校图书馆研究/郭明蓉著. —成都：四川人民出版社，2009. 09. —565页. —ISBN978-7-220-07903-0：CNY78. 00

主题词：院校图书馆-图书馆事业-研究-中国

内容提要：本书共三编九章， 论述了中国高校图书馆发展史， 上起远古， 下至当代， 并对未来高校图书馆做了预测与展望。

山东省内图书馆馆藏：济宁医学院图书馆

256 广东图书馆研究/广东省文化厅，广东省立中山图书馆编著. —广州：暨南大学出版社，2009. 04. —510页. —ISBN978-7-81135-172-9：CNY58. 00

主题词：图书馆工作-广东省-文集

内容提要：本文集分为6个部分：包含事业发展篇，服务与阅读篇等

257 高校图书馆文化建设与创新/马莎编著. —成都：西南交通大学出版社，2008. 08. —191页：32开. —ISBN978-7-5643-0047-0：CNY18. 00

主题词：院校图书馆-文化-研究

内容提要：本书主要内容包括：高校图书馆文化建设与创新概述、精神文化建设、制度文化建设、信息文化建设等。

山东省内图书馆馆藏：中国海洋大学图书馆 山东大学图书馆 齐鲁师范学院图书馆 山东艺术学院图书馆 山东青年政治学院图书馆 济南大学图书馆 滨州学院图书馆 威海职业学院图书馆

258 西部县级公共图书馆发展战略研究/祝丽君著. —成都：电子科技大学出版社，2008. 07. —116页：大32开. —ISBN978-7-81114-910-4：CNY10. 00

主题词：县-公共图书馆-图书馆工作-研究-西南地区-西北地区

内容提要：本书调研了西部县级公共图书馆的建设情况。反映了其发展过程中的困难和问题。

山东省内图书馆馆藏：滨州学院图书馆 青岛农业大学图书馆 威海职业学院图书馆

259 图书馆服务均等化与资源共享 上/万群华，胡银仿主编. —武汉：湖北科学技术出版社，2008. 10. . —653页. —ISBN978-7-5352-4223-5：CNY140. 00（全套）

主题词：馆际合作-文集-图书馆工作-文集

260 图书馆服务均等化与资源共享 下/万群华，胡银仿主编. —武汉：湖北科学技术出版社，2008. 10. —568页. —ISBN978-7-5352-4223-5：CNY140. 00（全套）

主题词：馆际合作-文集-图书馆工作-文集

261 现代图书馆地方文献工作理论与实践/冯晴君著. —北京：中央文献出版社，2008. 09. —271页. —ISBN978-7-5073-2629-1：CNY32. 00

主题词：地方文献-工作-研究-地方文献

内容提要：本书内容包括地方文献信息建设和保障系统，以及地方文献信息组织等共七章。

262 图书馆发展与和谐社会构建/中国图书馆学会编. —北京：北京图书馆出版社，2007. 04. —460页. —ISBN978-7-5013-3434-6：CNY60. 00

主题词：图书馆工作-学术会议-文集

内容提要：本书为2006年中国图书馆学会的论文集，内容广泛，涉及图书馆事业的发展、共享与服务；大众阅读指导；图书馆创新及高科技应用等。

山东省内图书馆馆藏：曲阜师范大学图书馆 山东大学图书馆 山东青年政治学院图书馆 山东省图书馆 山东师范大学图书馆 山东体育学院图书馆 齐鲁工业大学图书馆 山东农业大学图书馆 滨州医学院图书馆 济宁医学院图书馆

263 21世纪地方文献工作发展研究论文选/中国图书馆学会地方文献研究专业委员会，湖南图书馆编. —长沙：湖南人民出版社，2007. 07. —386页：26CM. —ISBN7-5438-4899-6：CNY48. 00

主题词：地方文献—工作—21世纪—文集

内容提要：本书所辑各文从不同的侧面，论述了各级各类图书馆地方文献资源建设、地方文献的开发和利用和数字化建设等诸多地方文献工作发展的理论与实践问题。

山东省内图书馆馆藏：青岛市图书馆

264 2005年地方文献国际学术研讨会论文集/国家图书馆分馆编. —北京：北京图书馆出版社，2006. 04. —418页：26CM. —ISBN7-5013-3007-7：CNY50. 00

主题词：地方文献-国际学术会议-2005-文集

内容提要：本书收入2004年地方文献国际学术研讨会论文百余篇。

山东省内图书馆馆藏：山东交通学院图书馆 山东省图书馆 山东科技大学图书馆 鲁东大学图书馆 临沂大学图书馆

参考文献

[1] 刘丽萍，庞彩云. 图书馆微服务研究 [J]. 图书馆建设，2013. 04.

[2] 宋曙光. 西方公共行政价值演变对我国行政改革的启示 [J]. 黄石理工学院学报（人文社会科学版），2008. 08.

[3] 彭鑫. 我国档案馆微服务研究[D]，山东：山东大学，2018

[4] 董婷婷. 东北三省省级及副省级公共图书馆微服务调查研究[D]，大连：大连理工大学，2019.

[5] 李宁. 985高校图书馆利用新媒体开展学科服务的调查研究[D]，郑州：郑州大学，2018.

[6] 李军. 大数据时代高校教师的信息素养[J]. 当代教育理论与实践，2014. 09.

[7] 彭鑫. 我国档案馆微服务研究[D]. 济南：山东大学，2018.

[8] 高晓洁. 基于社交媒体的中外图书馆微服务比较研究[D]. 郑州：郑州大学，2017.

[9] 刘丽萍，庞彩云. 图书馆微服务研究[J]. 图书馆建设，2013. 04.

[10] 王承海，刘玉博，姚震，曹建林等. 基于"双一流"背景的高校图书馆知识服务创新研究[J]. 科学大众（科学教育），2021. 01.

[11] 张兴，刘爱军. 国外两种馆藏发展模式的比较分析[J]. 河南图书馆学刊，2017. 01.

[12] 赵丽梅. 微时代应用型大学图书馆微服务模式拓展研究[J]. 吉林工程技术师范学院学报，2020. 04.

[13] 寇月兰. 大数据时代公共图书馆微服务研究[J]. 传媒论坛，2020. 06.

[14] 赵树宇，王新鑫. 加快信息化步伐走近智慧化校园--淮阴师范学院信

息化建设典型案例[C]. 第十五届中国教育信息化创新与发展论坛，2015. 10.

[15] 贺希格玛. 浅谈高校移动图书馆服务平台建设[J]. 内蒙古农业大学学报（社会科学版），2013. 04.

[16] 朱建彬. 泉州市数字图书馆的构建研究[D]. 泉州：华侨大学，2013.

[17] 王启云. 移动图书馆火了[J/OL]. http：//blog. sciencenet. cn/blog-213646-799028. html，2014. 05.

[18] 冯军. 移动阅读服务图书馆发展新趋势[J]. 统计与管理，2016. 03.

[19] 陈大军. 移动数字图书馆平台的研究与设计[D]. 大连：大连理工大学，2015.

[20] 李斌. 新媒体环境下图书馆阅读推广途径探讨[J]. 发明与创新·职业教育，2021. 06.

[21] 高丹丹，高校数字图书馆读者服务工作探析[J]. 电子测试，2016. 08.

[22] 图书馆移动[OL]. http：//baike. baidu. com/view/18248855. html.

[23] 高晓洁. 基于社交媒体的中外图书馆微服务比较研究[D]. 郑州：郑州大学，2017.

[24] 申飞驹. 基于云计算的移动图书馆建设探析[J]. 商业时代，2013. 05.

[25] 冯军. 移动阅读服务图书馆发展新趋势[J]. 统计与管理，2016. 03.

[26] 钱江鸿. 扬州“掌上图书馆”上线[N]. 人民邮电，2014-08-21.

[27] 王海花. 高校移动图书馆平台建设实证研究[D]. 兰州：兰州大学，2013.

[28] 胡钦文，陈韵如，罗立. 实现整合资源移动阅读图书馆[J]. 环球市场信息导报，2015. 05.

[29] 章颖华. 高校图书馆移动信息服务需求分析与系统方案设计——以浙江理工大学图书馆为例[D]. 杭州：浙江理工大学，2015.

[30] 蒋毅. 图书馆资源整合系统的构建——以宁波市数字图书馆为例[D]. 成都：电子科技大学，2010.

[31] 冯佩茹. 河南省高校移动图书馆服务用户满意度研究[D]. 郑州：郑州

大学，2017.

[32] 韩媛媛. 微信公众平台在高校图书馆中的开发设计研究[D]. 武汉：华中师范大学，2015.

[33] 爱迪科森就业培训多媒体数据库[OL]. http：//lib. zjfc. edu.

[34] 孙晓涛. 高校远程讲座资源共享平台的完善[J]. 教育评论，2011. 12.

[35] 师静. 创新盈利模式，推动期刊数字化转型——访龙源期刊网副总裁兼总编辑穆广菊[J]. 青年记者， 2010. 12.

[36] 杨云飞. 高校图书馆微博服务研究[D]. 南京：南京航空航天大学，2013.

[37] 新媒体对第二十届足球世界杯的传播效果分析--以新浪微博为例[OL]. http：//www. doc88. com .

[38] 姚静. 我国高校图书馆的微博发展状况和读者服务创新[J]. 科技情报开发与经济，2014. 10.

[39] 于沛. 高校图书馆微博微信运营策略比较研究——以清华大学图书馆为例[J]. 知识管理论坛，2014. 05.

[40] 刘兴隆，康咏铧，程子桉，董绍春. 互联网+微媒体 移动互联时代的新媒体营销密码[M]. 北京：中国铁道出版社，2016. 03.

[41] 周萍. 学生参与下高校图书馆新生入馆教育微视频库的建设[J]. 长春工程学院学报（社会科学版），2020.

[42] 朱小梅，王丽丽. 通识教育与阅读推广[M]. 北京：朝华出版社，2019. 12.

[43] 胡歌配音《但是还有书籍》刷爆B站，有点心塞[J]. 销售与市场（营销版），2020.

[44] 郭瑞华. 微电影在我国图书馆的应用现状及展望[J]. 山东图书馆学刊，2014. 04.

[45] 丁立华. 微电影：图书馆社会化媒体营销新模式[J]. 图书馆建设，2012. 12.

[46] 郭瑞华. 微电影在我国图书馆的应用现状及展望[J]. 山东图书馆学刊，2014.

[47] 封丽. 图书馆微书评工作在数字阅读时代的模式探讨[J]. 农业图书情报学刊，2012. 10.

[48]王华志. 基于微书评的高校图书馆经典阅读推广模式探析[J]. 河南图书馆学刊，2015. 06.

[49] 王晨璐. 民族地区高校图书馆开展微书评服务初探[J]. 科技情报开发与经济，2015. 04.

[50] 王华志. 基于微书评的高校图书馆经典阅读推广模式探析[J]. 河南图书馆学刊，2015. 06.

[51] 王家莲. 全民阅读背景下高校图书馆的微书评工作[J]. 图书馆学刊，2011.

[52] 朱惠灵. 上海市高校图书馆社会服务工作研究[D]. 上海：上海师范大学. 2018.

[53] 冯丹丹. 非物质文化遗产在高校中的传承与保护[J]. 黑河学院学报，2021. 11.

[54] 薛玲，张宝华. 军队综合大学图书馆以评促建工作的探索与实践[D]. 情报杂志，2010. 06.